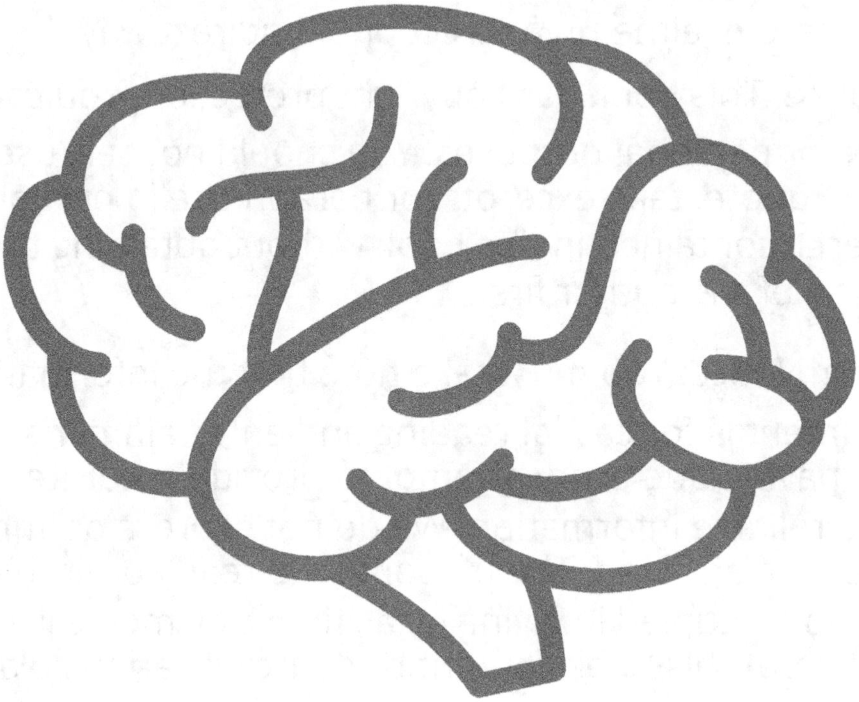

THIS BOOK BELONGS TO

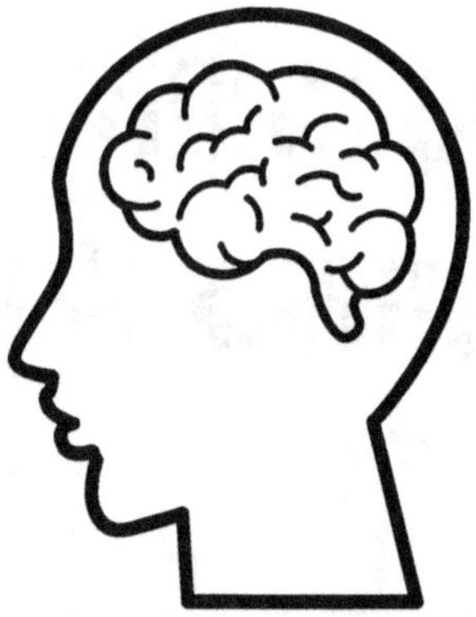

How to Solve:

kriss kross are just like crossword puzzles but withs instead of clues. Your challenge is to fill in the puzzle by fitting in all of the givens.Keep in mund that two or mores can fit into a space.If you choose incorrectly you may be unable to fit in all of thes! Rearranges if you get stuck.

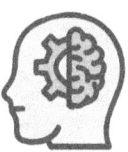

N° 1

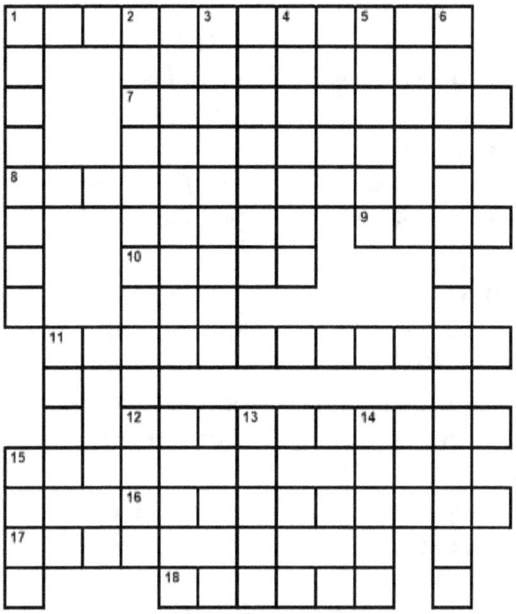

mots de 4 lettres
Beth
Bibb
Boer
Moke
Ruse

mots de 5 lettres
Ceils
Louis
Sitar

mots de 6 lettres
Ambler
Straps

mot de 7 lettre
Delibes

mot de 8 lettre
Sea lions

mot de 9 lettre
Abduction

mots de 10 lettres
Codswallop
Earthquake
Impeccable
Middlebrow

mots de 12 lettres
Mournfulness
Standard lamp

mot de 14 lettre
Number cruncher

mot de 15 lettre
Proboscis monkey

N° 2

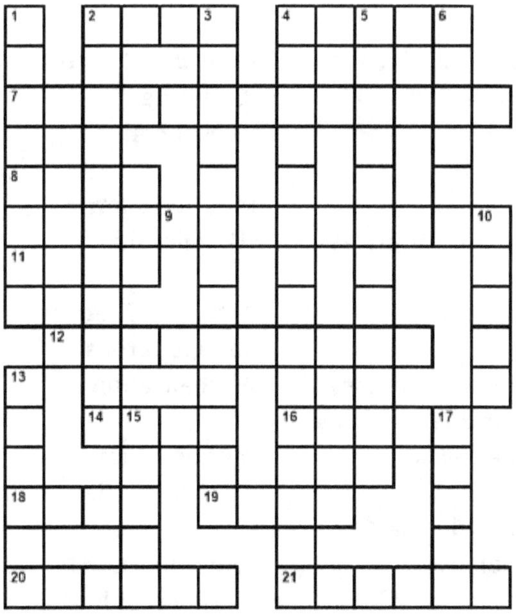

mots de 4 lettres
Rats
Scan
Silt
Surd
Tref
Turf

mots de 5 lettres
Dicey
Enure
Spiny
Unfix
Yeats

mots de 6 lettres
Coaxal
Elvish
Eureka
Static

mot de 8 lettre
Security

mot de 9 lettre
Dystopias

mot de 10 lettre
Superfoods

mot de 11 lettre
Sanatoriums

mot de 12 lettre
Underproduce

mots de 13 lettres
Conquistadors
Triglycerides

mot de 15 lettre
Entente cordiale

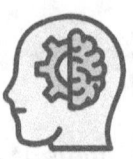

N° 3

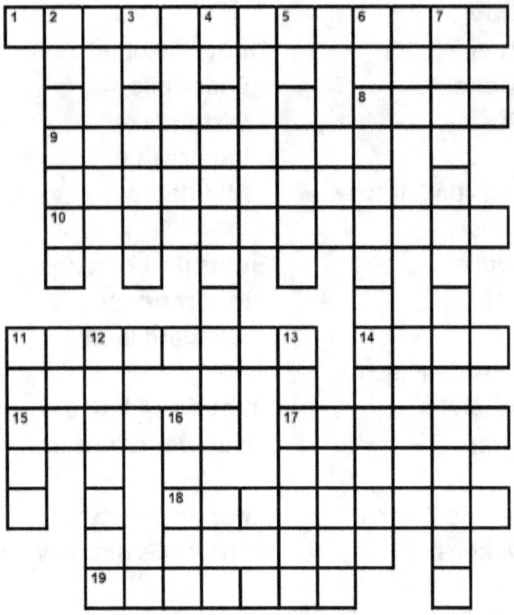

mots de 4 lettres
Chip
Lark

mots de 5 lettres
Diode
Tyson

mots de 6 lettres
Cravat
Oolite

mots de 7 lettres
Entraps
Puccini
Stand-in
Sunsuit
Taproom
Vellums

mot de 8 lettre
Davy lamp

mots de 9 lettres
Ruritania
Spritsail

mot de 11 lettre
Earthenware

mot de 12 lettre
Phoneticians

mot de 13 lettre
Weather strips

mot de 14 lettre
Relative clause

mot de 15 lettre
Personification

N° 4

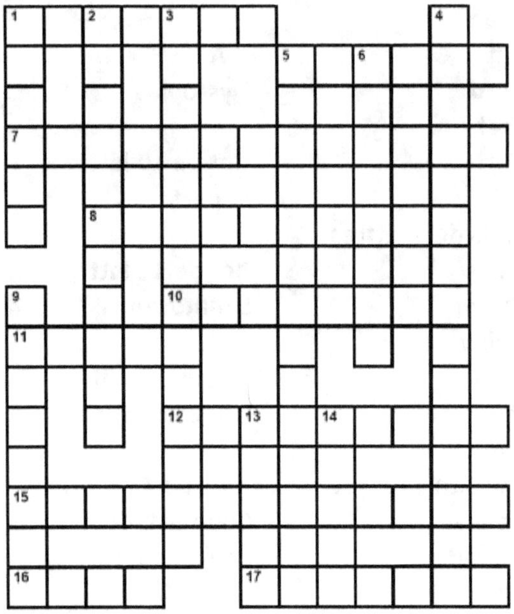

mot de 4 lettre
Rusk

mots de 5 lettres
Ilium
Oxide
Usage

mots de 6 lettres
Avesta
Bomber

mots de 7 lettres
Antique
Mae West

mots de 8 lettres
Marsupia
Slimline
Took over

mot de 9 lettre
Triturate

mots de 10 lettres
Bafflement
Diesel fuel

mot de 11 lettre
Thalidomide

mots de 13 lettres
Splendiferous
Verbalisation

mot de 14 lettre
Quintessential

mot de 15 lettre
Sexual relations

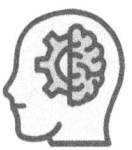

N° 5

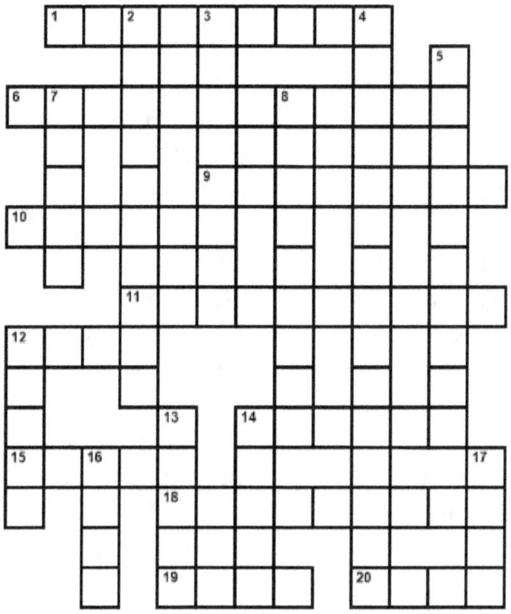

mots de 4 lettres
Bows
Cree
Geek
Lads
Lens

mots de 5 lettres
Cowed
Eagle
Nepal
Shred
X-rays

mots de 6 lettres
Sauced
Xylose

mots de 8 lettres
Glassful
Ravagers

mots de 9 lettres
Guatemala
Other half
Portfolio

mots de 10 lettres
Hard-boiled
Last-minute
Manumitted

mot de 12 lettre
Extravaganza

mot de 15 lettre
Finishing school

N° 6

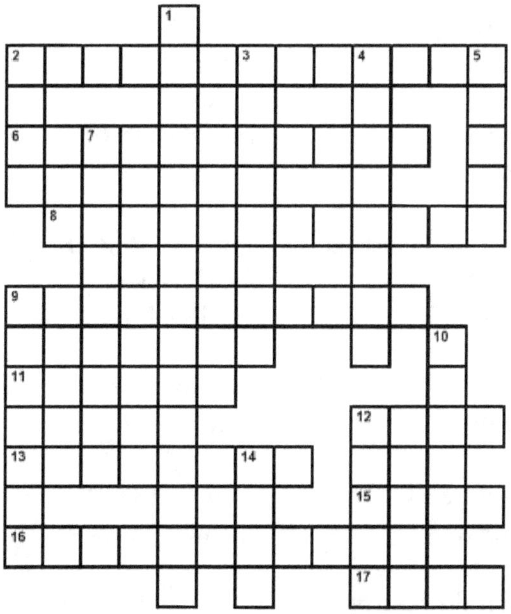

mots de 4 lettres
G-man
Rums
Tags
Whig
Yarn

mots de 5 lettres
Roles
Worry

mot de 6 lettre
Tetany

mots de 7 lettres
Art deco
Glimmer

mots de 8 lettres
Eastings
Neonatal
Regrades

mot de 9 lettre
Roommates

mot de 10 lettre
Order paper

mots de 11 lettres
Admittances
Gerontology

mot de 12 lettre
Complainants

mot de 13 lettre
Trial-and-error

mot de 15 lettre
Plenipotentiary

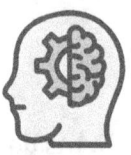

N° 7

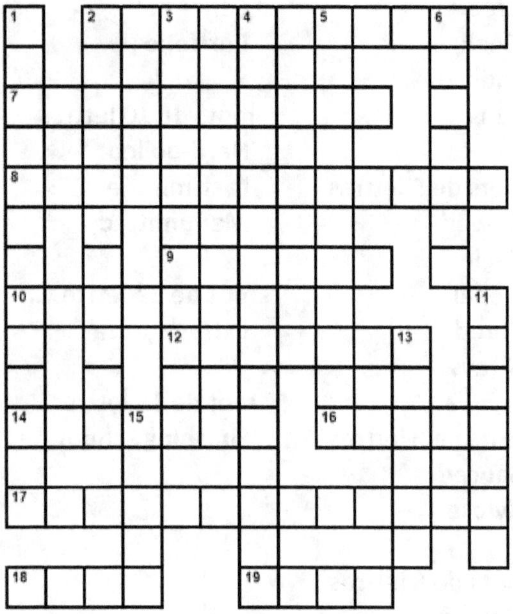

mots de 4 lettres
Faux
Tics

mots de 5 lettres
Affix
Eater
Gaged

mots de 6 lettres
Gagman
Usance

mots de 7 lettres
Cigaret
Eaten up
Nearing
Predate

mot de 10 lettre
End-stopped

mots de 11 lettres
Afterburner
Eye-catching
Unaddressed
Undeviating

mots de 13 lettres
Clear the decks
Reverberating
Staff sergeant

mot de 15 lettre
Duplex apartment

N° 8

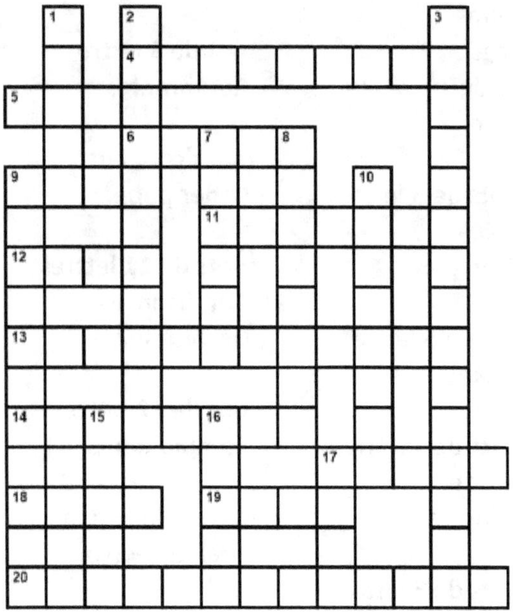

mots de 4 lettres
Lido
Luxe
Rots
Vine
Wadi
Waif

mots de 5 lettres
Diana
Fagot
Lungi
Rasps
Villi

mot de 6 lettre
Gotten

mot de 7 lettre
Thereto

mots de 8 lettres
Hold over
Señorita
Therefor

mot de 9 lettre
Tractable

mots de 11 lettres
Stiff-necked
Well-behaved

mot de 12 lettre
Back and forth

mot de 13 lettre
Drinking songs

mot de 15 lettre
Hero-worshipping

N° 9

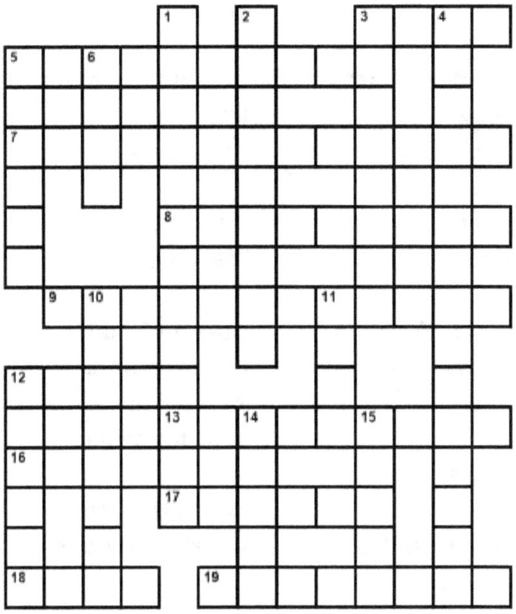

mots de 4 lettres
- Bake
- Damn
- Pion
- Yo-yo

mots de 5 lettres
- Direr
- Lupin
- Taste
- Velum

mots de 6 lettres
- Gusher
- Hailed
- Volley

mots de 8 lettres
- Basaltic
- Roleplay
- Seagrass

mots de 9 lettres
- Intendeds
- Neighbors
- Submitted

mot de 10 lettre
- Hypermedia

mot de 12 lettre
- Armoured cars

mots de 13 lettres
- Brainstorming
- Ironing boards

mot de 15 lettre
- Kind-heartedness

N° 10

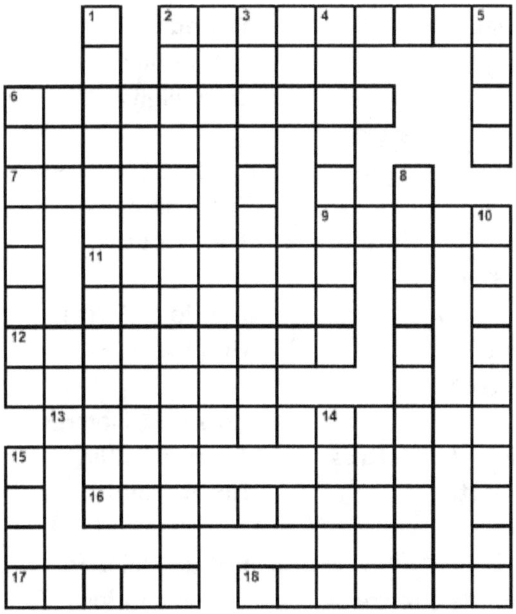

mots de 4 lettres
- Gyro
- Stew

mots de 5 lettres
- Amahs
- Cease
- Often
- Solfa

mots de 7 lettres
- Osseous
- Smegmas

mot de 8 lettre
- Poseidon

mots de 9 lettres
- Increases
- Ownerless
- Scimitars
- Soi-disant

mots de 10 lettres
- Paramedics
- Subsystems

mots de 11 lettres
- False bottom
- Indian Ocean

mot de 12 lettre
- Subconscious

mot de 13 lettre
- Carillonneurs

mot de 15 lettre
- Semi-abstraction

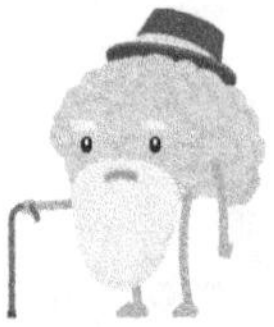

N° 11

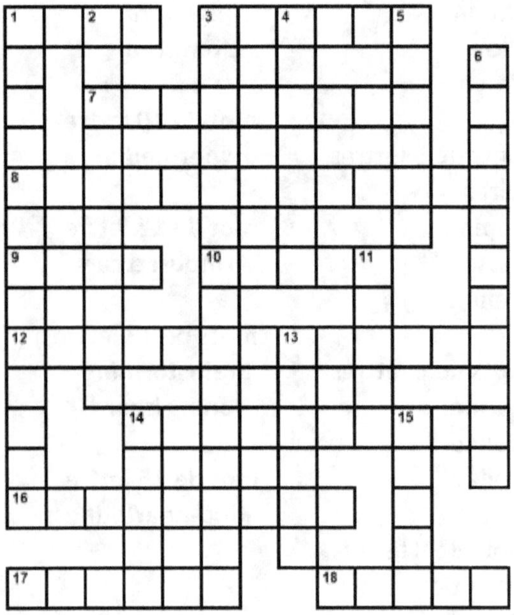

mots de 4 lettres
Pore
Shim

mots de 5 lettres
Delay
Essex
Pecan
Rayon
Xenon

mots de 6 lettres
Adders
Shover
Taunts
Utopia

mot de 7 lettre
Dwarves

mots de 9 lettres
Paparazzo
Tricuspid

mots de 10 lettres
Impoverish
Profounder

mot de 11 lettre
Trespassers

mots de 13 lettres
Inventiveness
Resentfulness
Self-important

mot de 15 lettre
Apartment houses

N° 12

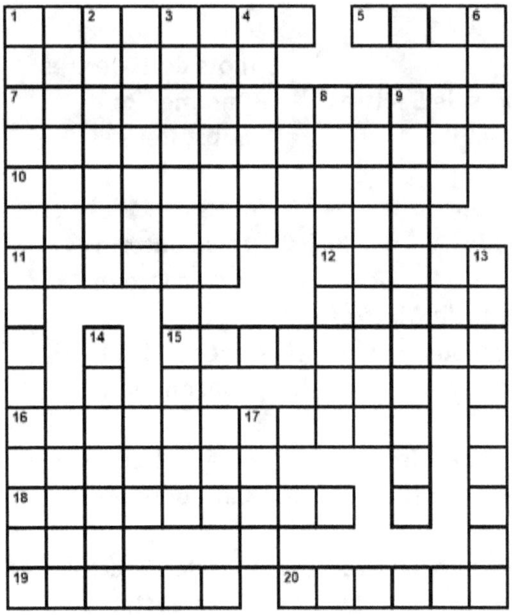

mots de 4 lettres
Bush
Cage
Hays

mot de 5 lettre
Prude

mots de 6 lettres
Elated
Midday
Retest
Solace

mots de 7 lettres
Abuttal
Nearest

mot de 8 lettre
Censuses

mots de 9 lettres
Enrapture
Errand boy
Ill humour
Outweighs

mots de 11 lettres
Thumbscrews
Tremulously

mot de 12 lettre
Greathearted

mots de 13 lettres
Transparently
Unsatisfiable

mot de 15 lettre
Categorizations

N° 13

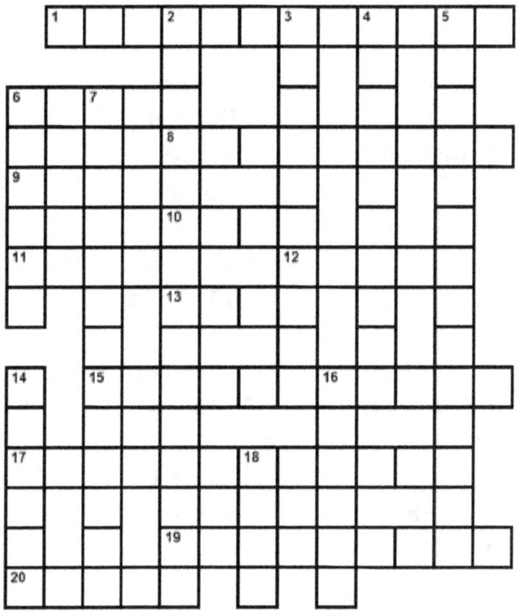

mots de 4 lettres
Ceca
Oral
Tong

mots de 5 lettres
Onion
Pitta
Salmi
Tests
Unmet

mots de 6 lettres
Emmets
Oppose
Wicket

mots de 9 lettres
Excitants
Steam pipe

mots de 10 lettres
Supplement
Triangulum

mot de 11 lettre
Gravimetric

mots de 12 lettres
Apostatising
Candid camera

mot de 13 lettre
Intelligences

mot de 14 lettre
Nonparticipant

mot de 15 lettre
Sensationalizes

N° 14

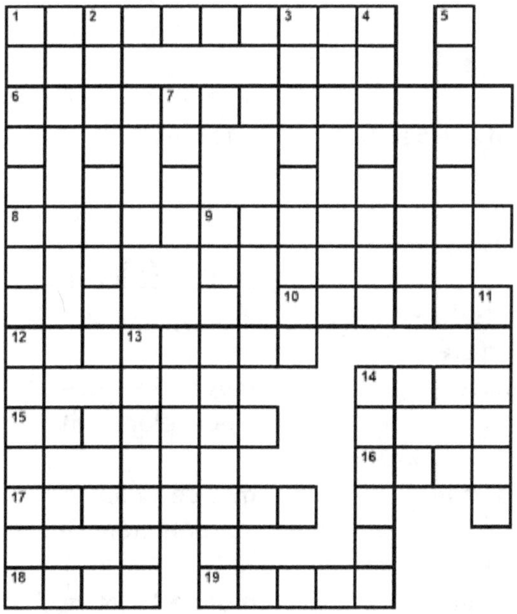

mots de 4 lettres
Ghee
Lake
Rook
Toms

mot de 5 lettre
Glade

mots de 6 lettres
Loggie
NASDAQ
Q fever

mots de 7 lettres
Avowals
Immoral

mots de 8 lettres
Car parks
Gleaming
Lunacies
Sweetpea

mots de 9 lettres
Safe house
Titrating

mots de 10 lettres
Obligating
Systematic

mots de 13 lettres
Knockout drops
Reformatories

mot de 15 lettre
Shrinking violet

N° 15

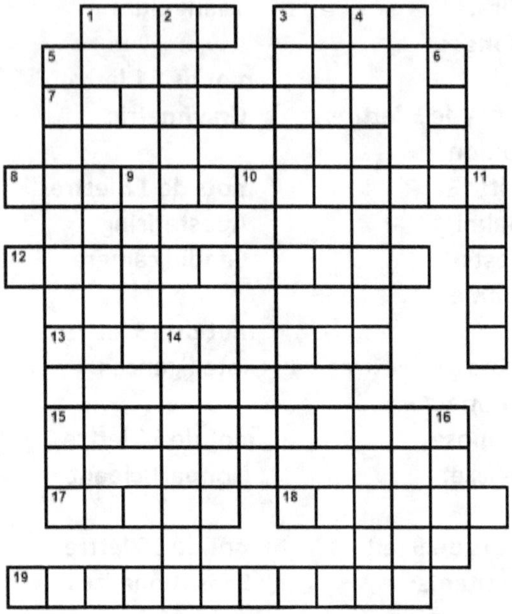

mots de 4 lettres
Coca
GATT
Hula
Rial

mots de 5 lettres
Copes
Inter
Local
Loire
Refit

mot de 6 lettre
Plenty

mot de 7 lettre
Zealand

mot de 8 lettre
Clear-cut

mots de 9 lettres
Net profit
Terza rima

mots de 11 lettres
Blind alleys
Catapulting
Photometric

mot de 12 lettre
Antithetical

mot de 13 lettre
Vivisectional

mot de 15 lettre
Authoritatively

N° 16

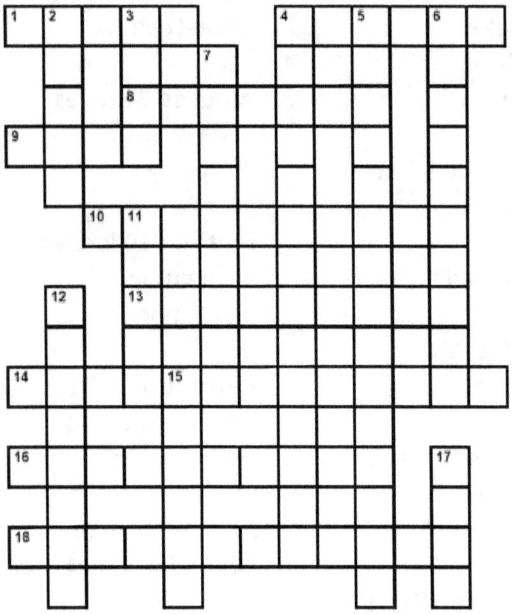

mots de 4 lettres
Doss
Hess
Wens

mots de 5 lettres
Ameer
Elite
Oaths

mots de 6 lettres
Canapé
Veiled

mot de 7 lettre
Sporran

mot de 8 lettre
Sleepers

mots de 9 lettres
Dominique
Inquorate

mots de 10 lettres
Meaningful
Portal vein
Specialist

mot de 12 lettre
Broken hearts

mot de 13 lettre
Redevelopment

mot de 14 lettre
Carbon monoxide

mot de 15 lettre
Noninflammatory

N° 17

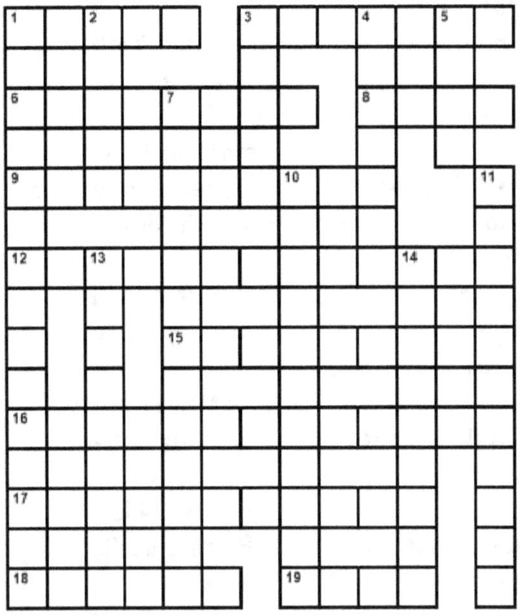

mots de 4 lettres
Died
Nobs
Rube

mots de 5 lettres
Mewls
Miler
Wrong

mot de 6 lettre
Rights

mots de 7 lettres
Mooting
Thrombi

mot de 8 lettre
Goofball

mots de 9 lettres
Adeptness
Deceiving
Overdosed

mot de 10 lettre
Engine room

mots de 11 lettres
Assessments
Overprinted
Triceratops

mots de 13 lettres
Bank statement
Indiscretions
United Kingdom

mot de 15 lettre
Magnetic equator

N° 18

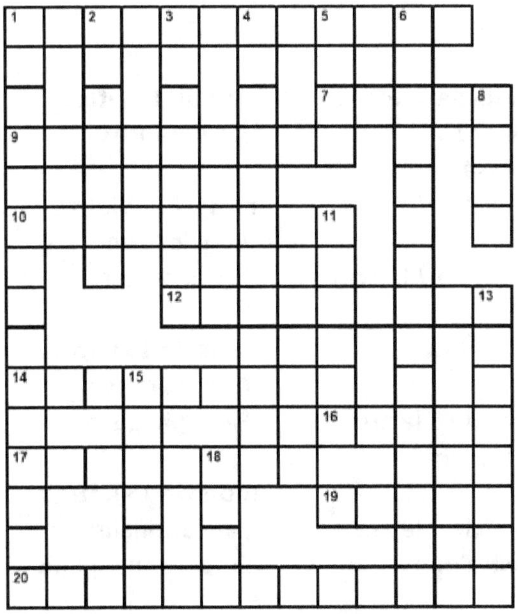

mots de 4 lettres
Arvo
Miso
Rase

mots de 5 lettres
Cargo
Estop
Scram

mots de 6 lettres
Encase
Vacate

mot de 7 lettre
Bicarbs

mots de 8 lettres
Ilmenite
Soupçons
Truckage

mots de 9 lettres
Embrittle
Eparchies
Flame tree
Souvenirs

mots de 12 lettres
Ingratiating
Subsidiarity

mot de 13 lettre
Numerologists

mots de 15 lettres
Self-realisation
Three-point turns

N° 19

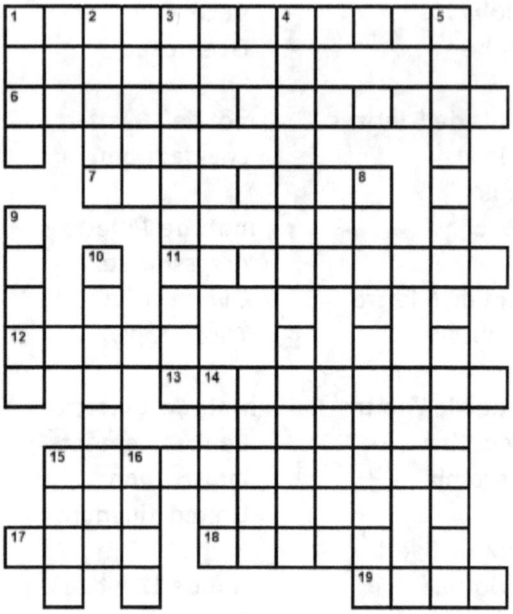

mots de 4 lettres
Aids
Clot
Kind
Quid
Seen

mots de 5 lettres
Knoll
Linac
Rider
Style
Yores

mot de 6 lettre
Honshu

mot de 8 lettre
Road rage

mots de 9 lettres
Syncretic
Thickhead

mot de 10 lettre
Onomastics

mots de 11 lettres
Ephemerides
Quadrillion

mot de 12 lettre
Corn on the cob

mot de 13 lettre
Old boy network

mot de 14 lettre
Hierarchically

mot de 15 lettre
Bermuda Triangle

N° 20

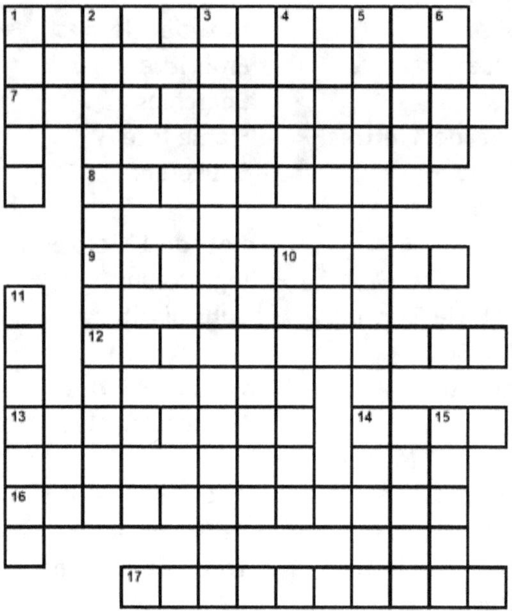

mots de 4 lettres
Lobs
Seep

mots de 5 lettres
Bantu
Fossa
Shack

mots de 7 lettres
Fattier
Poor law

mot de 8 lettre
Respighi

mot de 9 lettre
Astrakhan

mots de 10 lettres
Dysprosium
Nitrifying

mot de 11 lettre
Acceptances

mots de 12 lettres
Acrylic resin
Fecklessness

mots de 13 lettres
Curtain raiser
Sarcophaguses

mots de 15 lettres
Educationalists
Emperor penguins

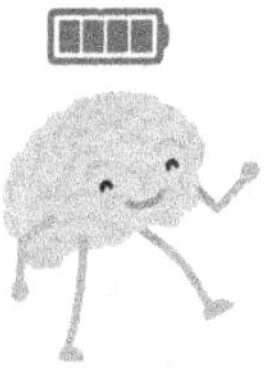

N° 21

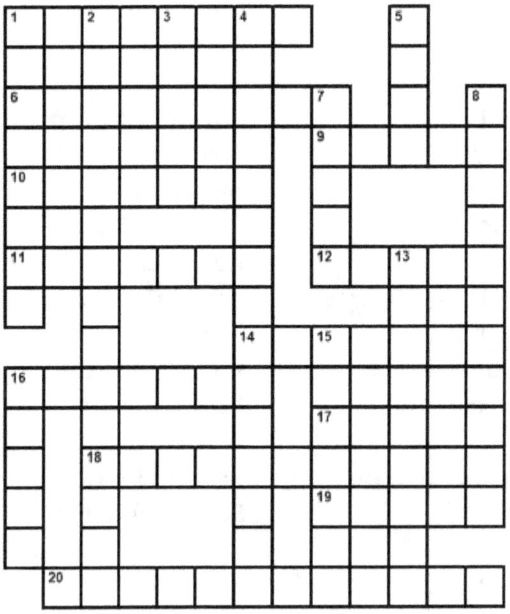

mot de 4 lettre
Hist

mots de 5 lettres
Donor
Fakes
Idler
Oaten
Rogue
Their
Umbel

mots de 7 lettres
Aquaria
Evicted
Flexile
Houdini
Spheral
Stipend

mots de 8 lettres
Mesdames
Militias

mots de 9 lettres
Garibaldi
Submerged

mot de 11 lettre
Unicellular

mot de 12 lettre
Reclassified

mots de 15 lettres
Aggrandisements
Labour-intensive

N° 22

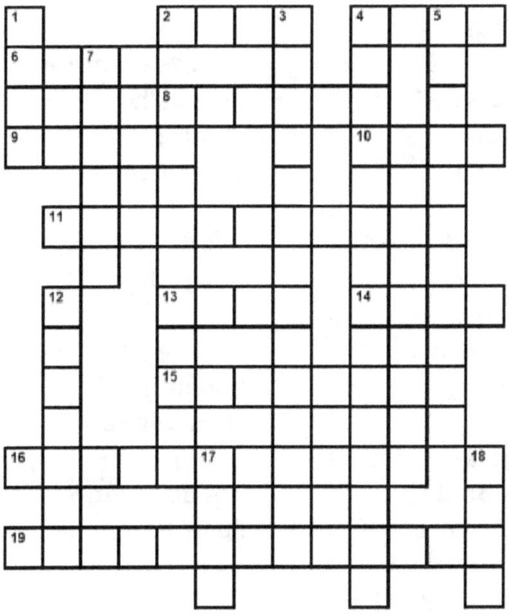

mots de 4 lettres
Forb
Gage
Goof
Leaf
Orts
Para
Plan
Tort
Verb

mot de 5 lettre
Bucko

mots de 6 lettres
Mojave
Tictac

mot de 7 lettre
Basmati

mot de 8 lettre
Rotators

mot de 10 lettre
Monteverdi

mots de 11 lettres
Faithlessly
Patrilinear
Rotary press

mot de 13 lettre
Highland fling

mot de 14 lettre
Featherbrained

mot de 15 lettre
Prepositionally

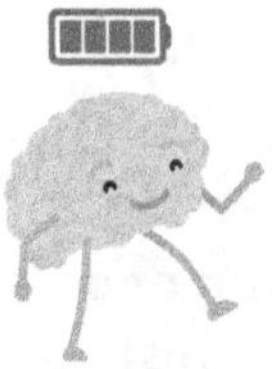

N° 23

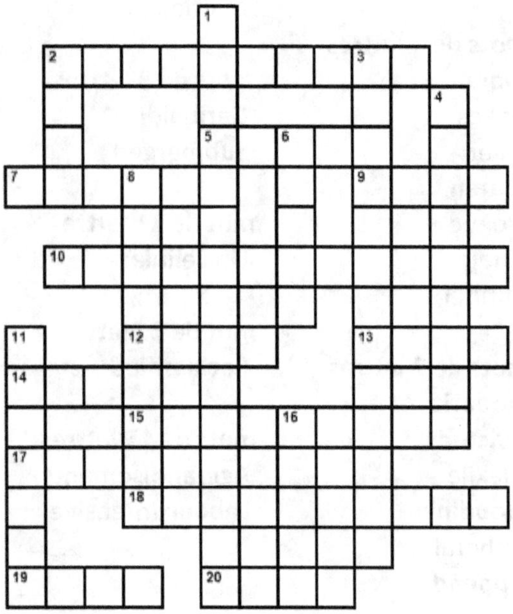

mots de 4 lettres
Acme
Cods
Deck
Duce
Hilt
Nude
Reap
Silo

mots de 5 lettres
Naira
Nonet
Toned

mot de 6 lettre
Somali

mot de 7 lettre
Shocked

mots de 9 lettres
Aromatise
Dead ducks
Irritants

mots de 10 lettres
Eccentrics
Semaphored

mot de 12 lettre
Brotherhoods

mot de 13 lettre
Extraordinary

mot de 15 lettre
Spanish American

N° 24

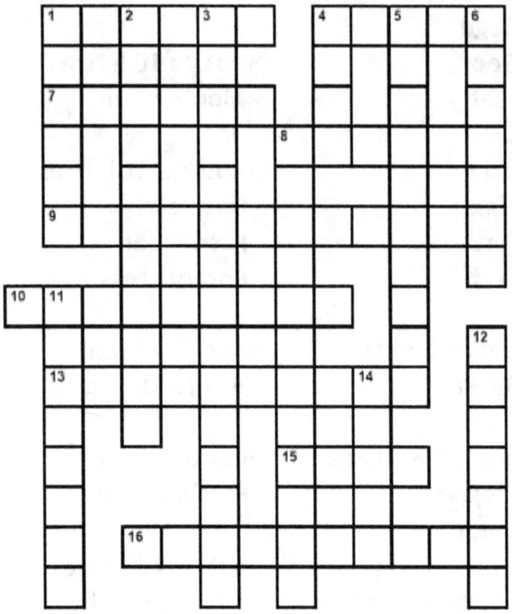

mots de 4 lettres
Jeer
Zero

mots de 5 lettres
Jacob
Noria

mots de 6 lettres
Irenic
Nassau
Tendon
Tressy

mots de 7 lettres
Brocade
Lowboys

mot de 8 lettre
Entangle

mot de 9 lettre
Metheglin

mots de 10 lettres
Biennially
Chintziest
Topgallant

mot de 11 lettre
Ensignships

mots de 12 lettres
Initializing
Noncivilized

mot de 15 lettre
Sparring partner

N° 25

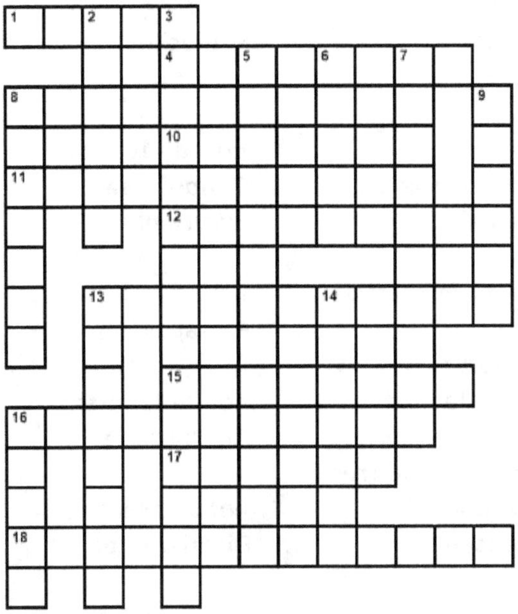

mots de 5 lettres
Helio-
Lap up
Lasso
Scold
Vague
Verbs

mots de 6 lettres
Bridal
Palest
Saliva

mots de 7 lettres
Helicon
Tel Aviv
Tugboat

mots de 8 lettres
Headsmen
Hecklers
Swaggers

mot de 9 lettre
Subedited

mot de 10 lettre
Estate cars

mot de 11 lettre
Syntactical

mots de 13 lettres
Algebraically
Bird's eye views

mot de 15 lettre
Photosynthesise

N° 26

mots de 5 lettres
Geese
Kyats
Orach
Rhomb
Stalk

mots de 6 lettres
Anonym
Octave

mots de 7 lettres
A levels
Eyebath
Nonagon
Nosebag

mots de 8 lettres
Bad faith
Youngish

mots de 9 lettres
Dromedary
Exuberant
Love apple

mot de 10 lettre
Jet-setters

mot de 11 lettre
Symmetrical

mot de 14 lettre
Rebelliousness

mot de 15 lettre
Shopping centres

N° 27

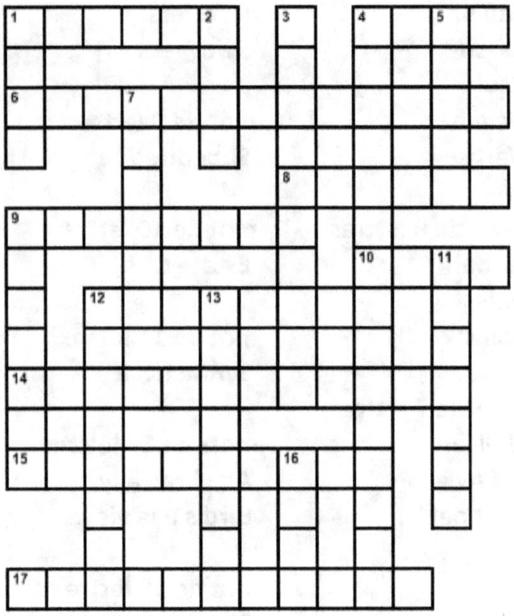

mots de 4 lettres
- Blew
- Drib
- Judo
- Oils
- Scup

mot de 5 lettre
- Uveal

mots de 6 lettres
- Jailed
- Oporto
- Rouble

mots de 7 lettres
- Centaur
- Loosely

mots de 8 lettres
- Corridor
- Needling
- Smooches
- Sound off

mots de 10 lettres
- Gonorrhoea
- Recyclable

mot de 11 lettre
- Passageways

mot de 12 lettre
- Apothecaries

mot de 13 lettre
- Disorientated

mot de 15 lettre
- Statue of Liberty

N° 28

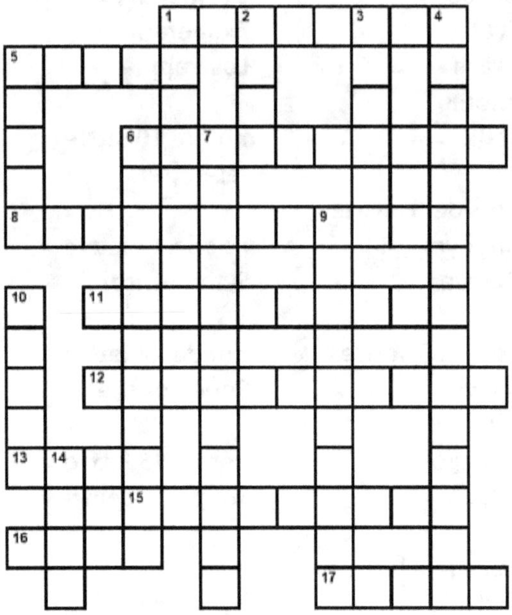

mots de 4 lettres
- Étui
- Sari
- Some
- Toil
- Viol

mots de 5 lettres
- Ad-lib
- At sea
- Glacé
- Nongs

mot de 6 lettre
- Homage

mot de 8 lettre
- Sisyphus

mot de 9 lettre
- A fortiori

mots de 10 lettres
- Disengages
- Happy event
- Levitation

mots de 11 lettres
- Dictatorial
- Love letters

mots de 12 lettres
- Blackmailers
- Semiprecious

mot de 15 lettre
- Supersaturating

N° 29

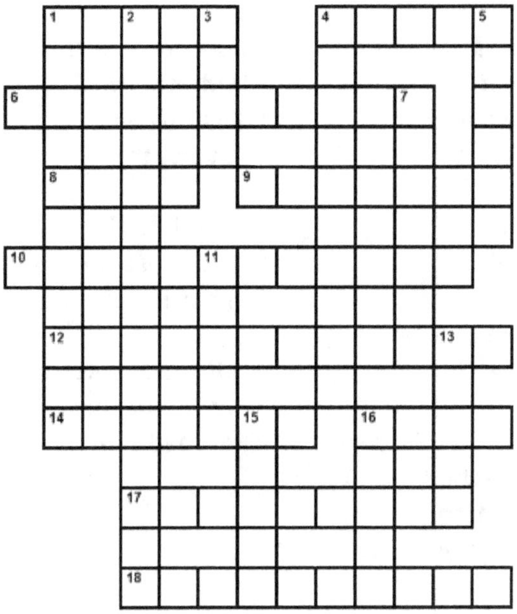

mots de 4 lettres
Chap
Opah
Same

mots de 5 lettres
Corer
Easts
Hyoid
Leave
Mucks
Troop

mot de 6 lettre
Pumice

mots de 7 lettres
Alkalic
Emended
Galatia

mot de 9 lettre
Outsource

mots de 10 lettres
Sex-starved
Tricksiest

mots de 11 lettres
Epoch-making
Meprobamate

mots de 12 lettres
Audiovisuals
Saxophonists

mot de 15 lettre
Cock-a-doodle-doos

N° 30

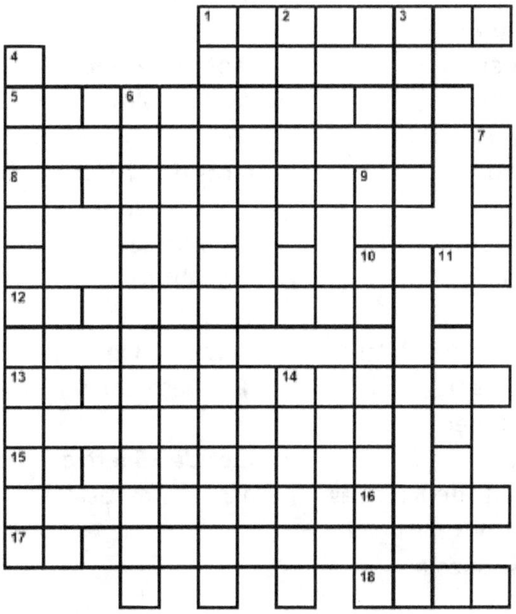

mots de 4 lettres
Arid
Gobs
Sore
Todd

mot de 5 lettre
Marcs

mot de 6 lettre
Submit

mots de 8 lettres
Elephant
Pressman

mot de 9 lettre
Inscriber

mots de 10 lettres
Garnishing
Inclinable
Optimistic

mots de 11 lettres
Legateships
Poached eggs

mot de 12 lettre
Off the record

mots de 13 lettres
Deliquescence
Mollycoddling
Traffic island

mot de 15 lettre
Pretentiousness

N° 31

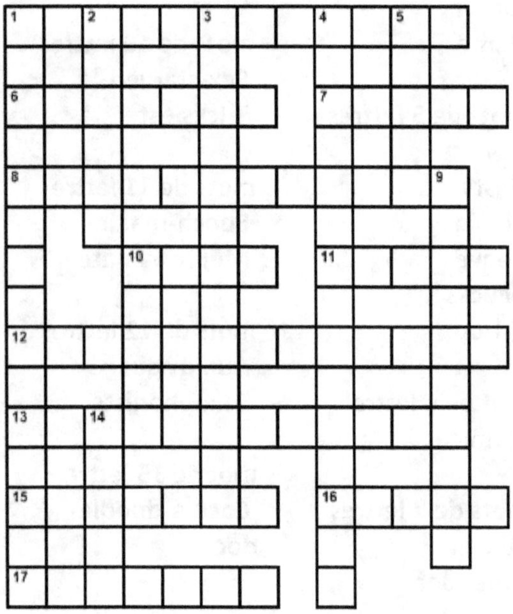

mot de 4 lettre
Chit

mots de 5 lettres
Alack
Czech
Gecko
Inkle
Irked
Pukka

mot de 6 lettre
Viands

mots de 7 lettres
Roached
Scoffed
Sockeye

mot de 10 lettre
Lackluster

mots de 12 lettres
Hydrothermal
Nightingales
Poverty traps

mots de 13 lettres
Generalisable
Theatricality

mots de 15 lettres
Parthenogenesis
Railroad station

N° 32

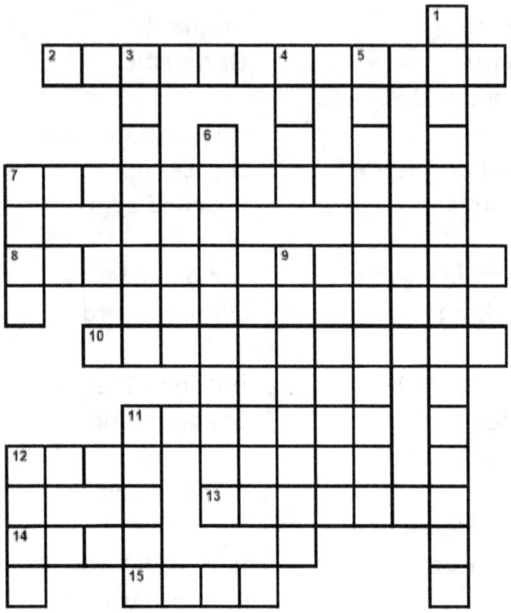

mots de 4 lettres
Adze
Qoph
Riel
Tutu
Vial
Vide

mot de 5 lettre
Beret

mots de 7 lettres
Blue tit
Humeral

mots de 8 lettres
Eurythmy
Rhodesia

mot de 10 lettre
Midas touch

mot de 11 lettre
Walter Mitty

mots de 12 lettres
Corkscrewing
Quadriplegia
Weightlifter

mot de 13 lettre
Prostatectomy

mot de 15 lettre
Ungrammatically

N° 33

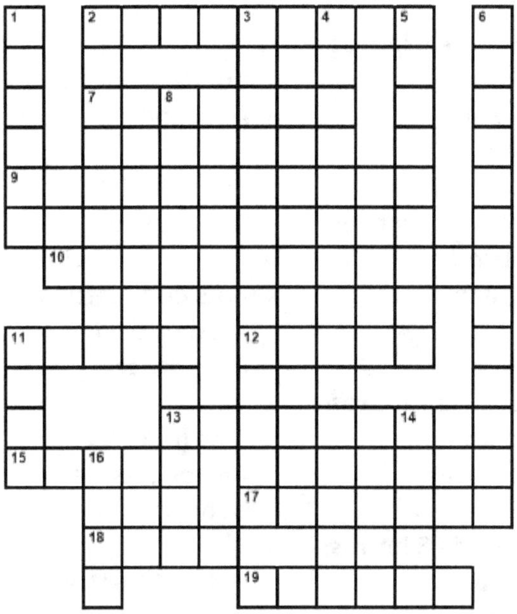

mots de 4 lettres
Bosh
Chub
Robe

mots de 5 lettres
Anele
Bores
Cushy
Eaves

mots de 6 lettres
Addled
Ice age

mots de 7 lettres
Edgiest
Natured

mots de 9 lettres
Beatitude
Binomials
Embossers
Umbellate

mot de 11 lettre
Gymnosperms

mots de 12 lettres
Ball carriers
Trolleybuses

mots de 13 lettres
Irreplaceable
Letters patent

mot de 15 lettre
Underprivileged

N° 34

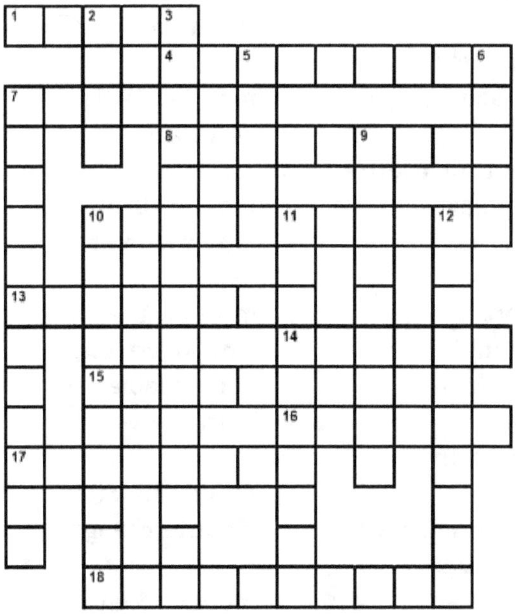

mot de 4 lettre
Laws

mots de 5 lettres
Balti
Gotta
Seeds
Sowed

mots de 6 lettres
Delved
Euclid
Immune

mots de 8 lettres
Banquets
Bimester

mots de 9 lettres
Fieldmice
Interface
Negations

mots de 10 lettres
Anno Domini
Desiderata
Incapacity
Transiency

mot de 11 lettre
Animadverts

mot de 12 lettre
Self-absorbed

mot de 15 lettre
Individualistic

N° 35

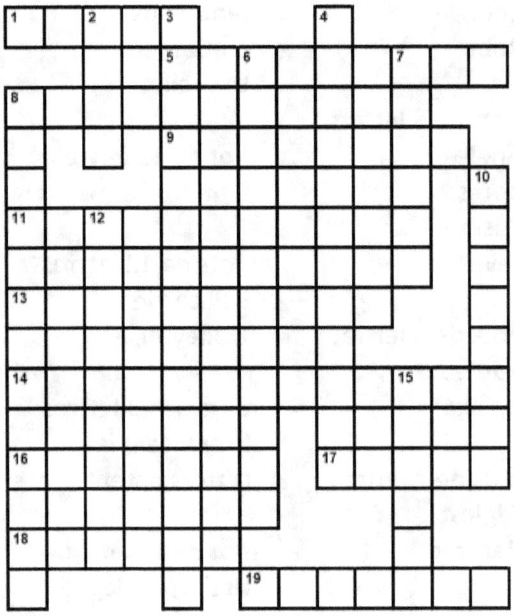

mot de 4 lettre
Cafe

mots de 5 lettres
Backs
Gofer
Sands

mots de 6 lettres
Absorb
Canaan
Sunbow

mots de 7 lettres
Ictuses
Ottawan

mots de 8 lettres
Madrases
Vaseline

mots de 9 lettres
Defecates
Evanesced

mot de 10 lettre
Afflicting

mot de 11 lettre
Dodecahedra

mots de 12 lettres
Aestheticism
Belly dancers

mots de 13 lettres
Archduchesses
Good Samaritan

mot de 15 lettre
Service industry

N° 36

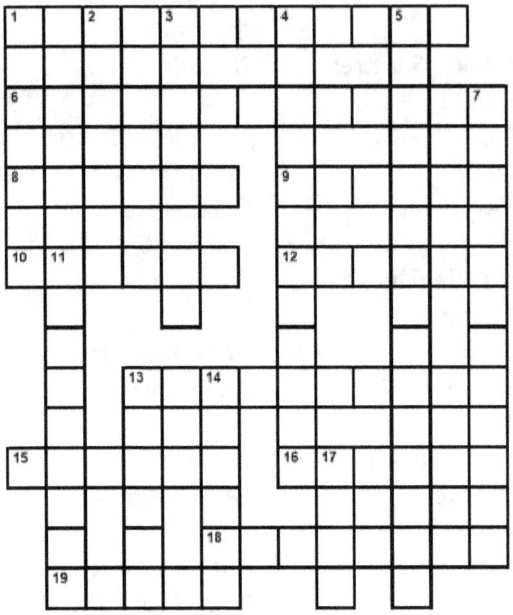

mot de 4 lettre
Void

mot de 5 lettre
Y-axis

mots de 6 lettres
Banjax
Blasts
Evince
Intact
Liquid
Midden
Stanza
Urge on

mots de 7 lettres
Ischium
Taunted

mots de 8 lettres
Alto clef
Train set

mot de 9 lettre
Intestacy

mot de 10 lettre
Baby boomer

mots de 12 lettres
Endangerment
Incalculable
Intransitive

mot de 13 lettre
Counterchange

mot de 15 lettre
Venturesomeness

N° 37

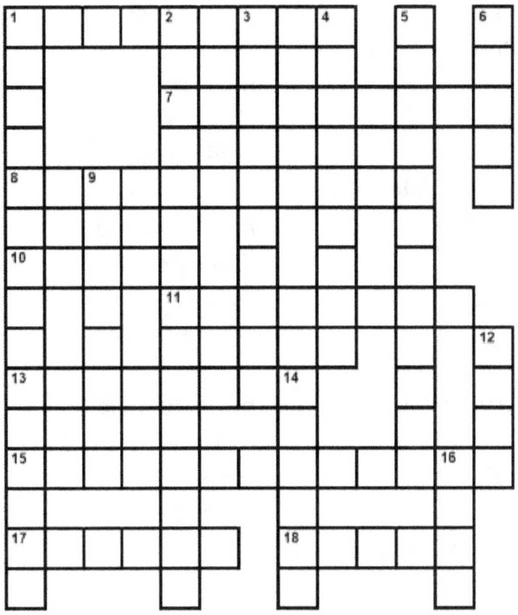

mots de 4 lettres
- Pics
- Tits

mots de 5 lettres
- Edict
- Idiot
- Rimed

mots de 6 lettres
- Ennuis
- Enured

mots de 8 lettres
- Homicide
- Retraces
- Triremes

mots de 9 lettres
- Feudalism
- Naan bread
- Pelvic fin

mot de 10 lettre
- Fluctuated

mot de 11 lettre
- Retractable

mot de 12 lettre
- Iridescences

mot de 13 lettre
- Obscurantists

mots de 15 lettres
- Infrastructures
- Prairie schooner

N° 38

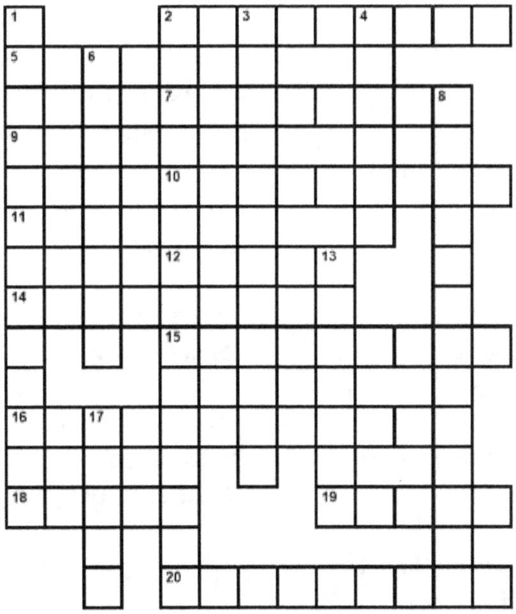

mots de 5 lettres
- Dwarf
- Farsi
- Fundi
- Motif
- Napes
- Ounce
- Sicko
- Under

mot de 6 lettre
- Abides

mot de 7 lettre
- Oviform

mots de 8 lettres
- Diaspora
- Occasion

mots de 9 lettres
- Effluence
- Motorways
- Outriders
- Paparazzi

mots de 12 lettres
- Onomatopoeia
- Pacification

mots de 13 lettres
- Burden of proof
- Nuclear family

mot de 15 lettre
- Professionalism

N° 39

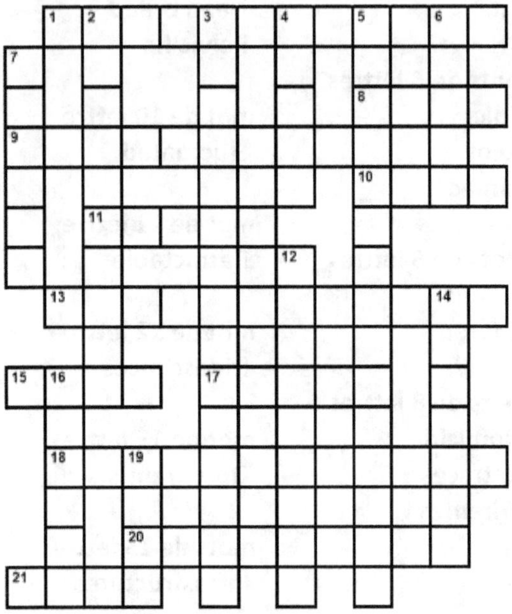

mots de 4 lettres
Awed
Dots
Meta-
Pope
Pyre

mots de 5 lettres
Egest
Norse
Poofs
Yawps

mots de 6 lettres
Earthy
Guffaw

mot de 7 lettre
Ruddily

mots de 9 lettres
Flowerpot
Pompously

mots de 10 lettres
Evil spirit
Full nelson

mots de 12 lettres
Bend sinister
Friendly fire
Rapid transit

mots de 15 lettres
Standoffishness
Sweet Fanny Adams

N° 40

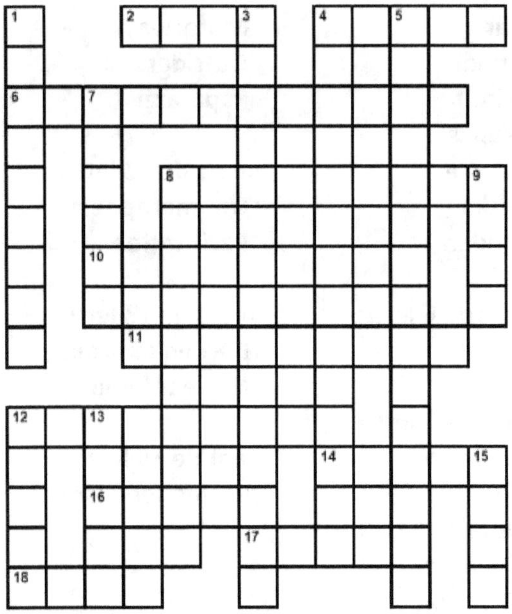

mots de 4 lettres
Diet
Mild
Spit
Tick

mots de 5 lettres
Cawed
Ingot
Lions
Mulga
Osmic
Sicks

mot de 6 lettre
Indris

mots de 9 lettres
Afterglow
Beseeched
Enquirers
In order to
Inspector

mot de 10 lettre
Bass fiddle

mot de 12 lettre
Quinquennial

mot de 14 lettre
Concerto grosso

mots de 15 lettres
Dress rehearsals
Weather forecast

N° 41

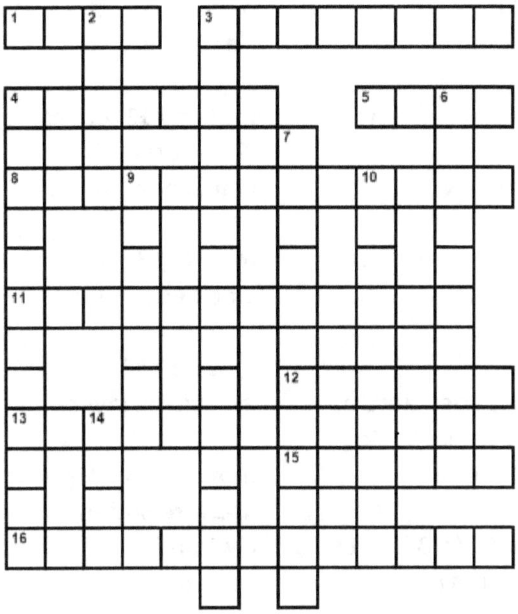

mots de 4 lettres
Cope
Shop
Yaps

mot de 5 lettre
Prion

mots de 6 lettres
Asthma
Rogers

mots de 7 lettres
Enigmas
Unwraps

mots de 8 lettres
Insolent
Sissyish

mots de 10 lettres
Instigates
Panjandrum

mots de 12 lettres
Evangelistic
Every so often
Haemorrhaged

mots de 13 lettres
Annunciations
Copartnership

mot de 15 lettre
Inaccessibility

N° 42

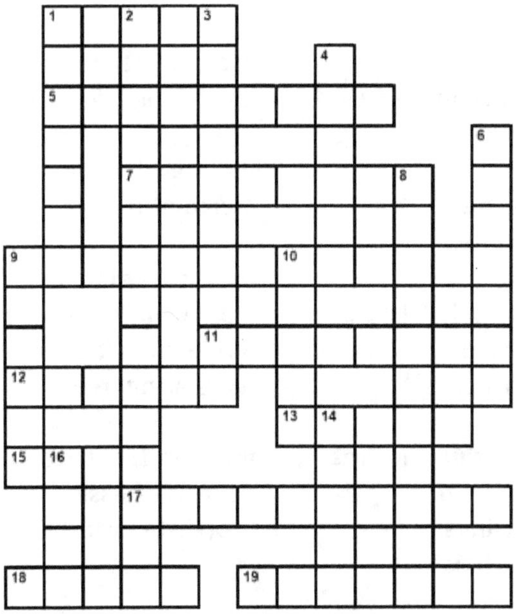

mots de 4 lettres
Asia
Dabs

mots de 5 lettres
Baggy
Cumin
Inner
Nixon
Using

mots de 6 lettres
Craped
Paella
Riyadh

mots de 7 lettres
Grueled
Portray
Unhitch

mots de 8 lettres
Damnable
Veterans

mot de 9 lettre
Hydraulic

mots de 10 lettres
Giant panda
Internship

mot de 11 lettre
Stepbrother

mot de 13 lettre
Cheddar cheese

mot de 15 lettre
Individualising

N° 43

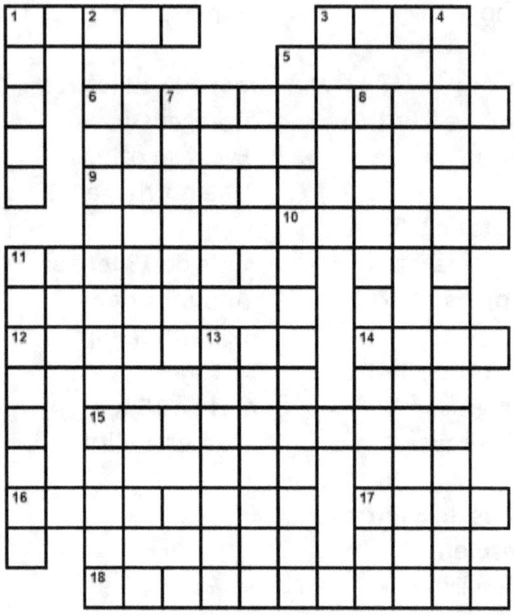

mots de 4 lettres
Buts
Cock
Moue

mots de 5 lettres
Pubic
Pumps

mots de 6 lettres
Asimov
Iritis

mots de 7 lettres
Eritrea
Toluene

mots de 8 lettres
Air Corps
Andirons
Prophecy
Reseated

mot de 10 lettre
Tablelands

mots de 11 lettres
Sidetracked
Speakership

mot de 13 lettre
Socioeconomic

mot de 14 lettre
Heaviside layer

mots de 15 lettres
Bastardisations
Swimming costume

N° 44

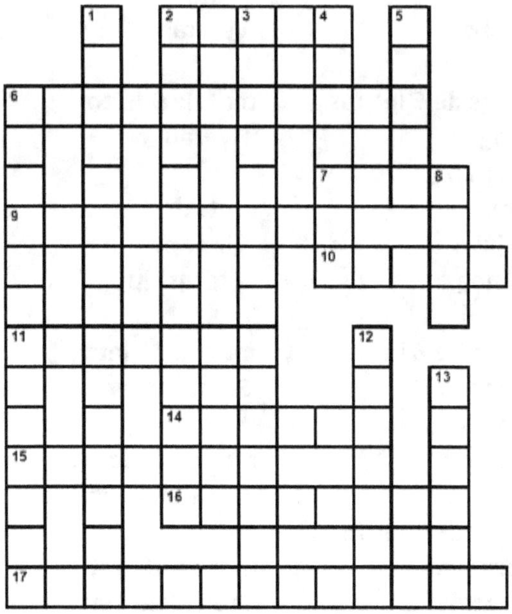

mots de 4 lettres
Koto
Nick

mots de 5 lettres
Logic
Puffs
Scute
Sores

mots de 6 lettres
Breeze
Insect

mots de 7 lettres
Sets off
Skiings
Untwist

mot de 8 lettre
Thiamine

mot de 9 lettre
Kvetching

mot de 11 lettre
Percolating

mots de 13 lettres
Parkinson's law
Projectionist
Wayfaring tree

mots de 15 lettres
Francis of Assisi
Northeastwardly

N° 45

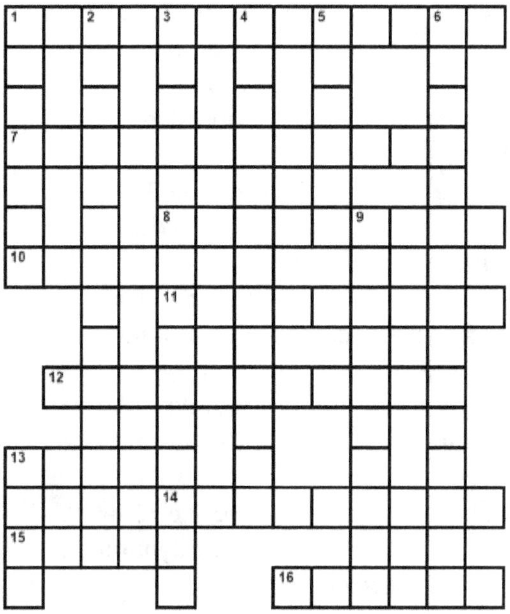

mot de 4 lettre
Bath

mots de 5 lettres
Basal
Scone
Tryst

mots de 6 lettres
Dryest
Laxity

mot de 7 lettre
Praters

mots de 9 lettres
Dionysian
Iteration
Nonpareil

mot de 10 lettre
Stridently

mot de 11 lettre
Social media

mot de 12 lettre
Traffic light

mots de 13 lettres
Principalship
Psychoanalyse

mot de 14 lettre
Inharmoniously

mots de 15 lettres
Confidentiality
Initializations

N° 46

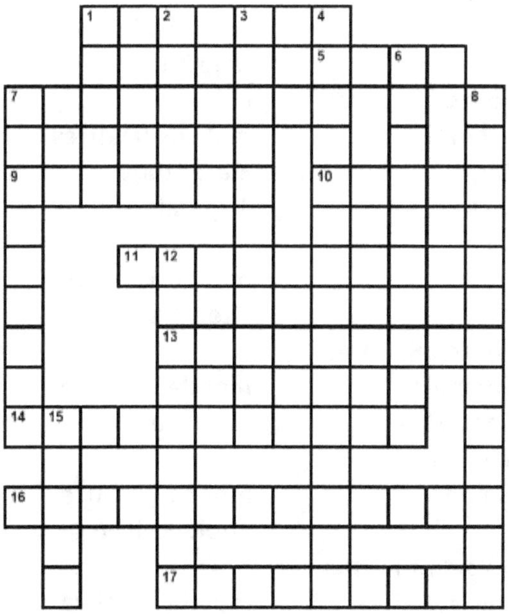

mot de 4 lettre
Ogre

mots de 5 lettres
Roads
Tense
Uncap
Uncut

mots de 7 lettres
Trestle
Trumpet

mots de 9 lettres
Brainiacs
Embedding
Gastropod
Water flea
Wing chair

mots de 10 lettres
Despicable
Red cabbage

mots de 11 lettres
Archdiocese
Player piano

mots de 13 lettres
Depressurised
Walking sticks

mot de 15 lettre
Torque converter

N° 47

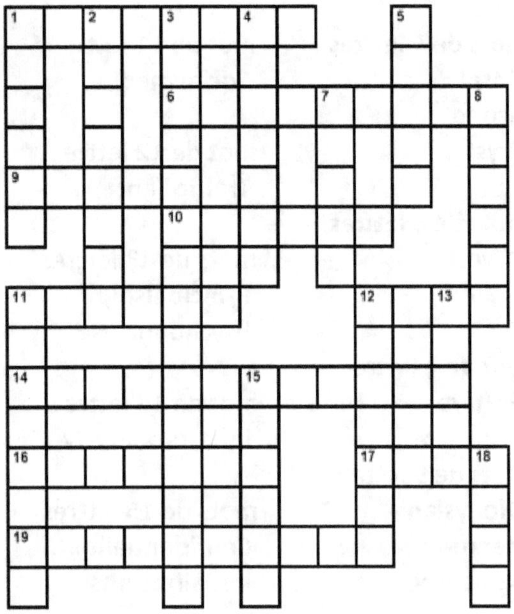

mots de 4 lettres
Post
Sins
Trim

mots de 5 lettres
Dazed
No one
Noels
Roils

mots de 6 lettres
Anyway
Jaguar
Unmade
Yearns
Yentas

mots de 7 lettres
Actuary
Snipped
Veteran

mots de 8 lettres
Iodizing
Jeopardy
Univalve

mot de 9 lettre
Rotundity

mot de 10 lettre
Devaluated

mot de 12 lettre
Once in a while

mot de 15 lettre
Aerodynamically

N° 48

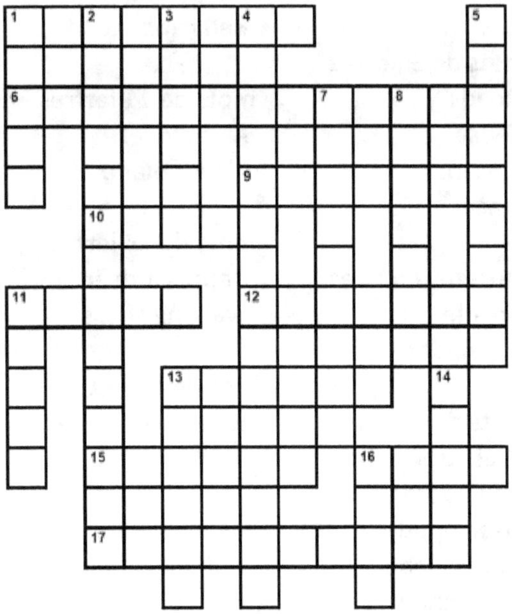

mots de 4 lettres
Ring
Rung

mots de 5 lettres
Agent
Angst
Lagan
Nines
Panes

mots de 6 lettres
Gammer
Gantry
Iceman
Simons

mots de 7 lettres
Emetics
Express
Induced

mot de 8 lettre
Live it up

mots de 9 lettres
Case study
Expenders

mot de 10 lettre
Steel bands

mot de 13 lettre
Grotesqueness

mot de 14 lettre
Violoncellists

mot de 15 lettre
Unquestioningly

N° 49

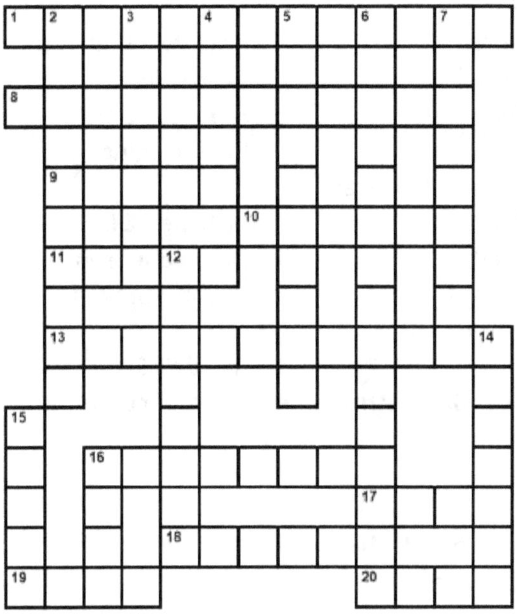

mots de 4 lettres
- Apex
- Stub
- Taxa
- Toga

mots de 5 lettres
- Befit
- Deals
- Meads
- Tasty

mots de 6 lettres
- Cowpea
- Serape

mots de 7 lettres
- Rhubarb
- Urinals

mots de 8 lettres
- Ave Maria
- Thickens

mot de 9 lettre
- Constable

mots de 10 lettres
- Noel Coward
- Rheometers

mots de 12 lettres
- Delicatessen
- Radiographer

mot de 13 lettre
- Group dynamics

mot de 15 lettre
- Misappropriates

N° 50

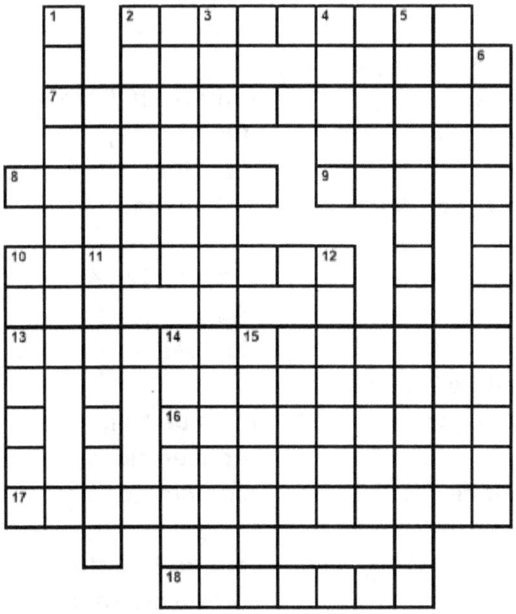

mots de 5 lettres
- Cauls
- Shiva

mots de 7 lettres
- Bacilli
- Bomb out
- Minable
- Scherzo
- Skidpan
- Sunnily
- Unwinds
- Yoko Ono

mot de 8 lettre
- Half-life

mots de 9 lettres
- Bohemians
- Costumier
- Microcopy
- Whip-round

mots de 12 lettres
- Ill-advisedly
- King's Counsel

mots de 13 lettres
- Colour schemes
- Infant prodigy

mot de 15 lettre
- Passive immunity

N° 51

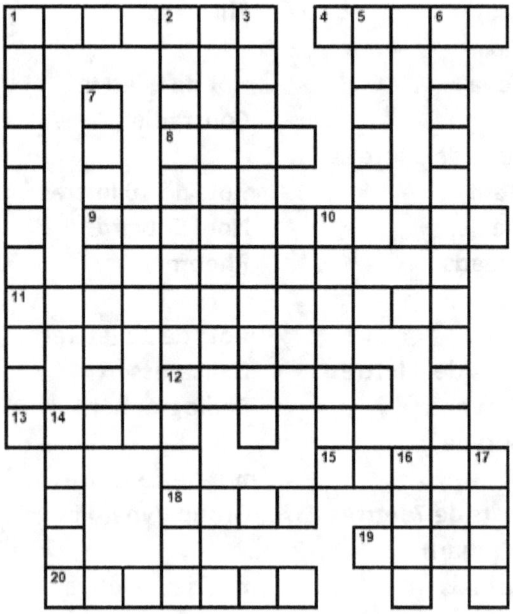

mots de 4 lettres
Arum
Hung
Lava
Non-U
Togo

mots de 5 lettres
Arras
Exalt
Gamut
Pop-up

mots de 6 lettres
Nem con
O level

mots de 7 lettres
Ladrone
Rematch
Suasive

mot de 9 lettre
Tribadism

mots de 11 lettres
Booksellers
Harvest home
Reascending

mots de 12 lettres
Dodecahedron
Urban renewal

mot de 15 lettre
Table of contents

N° 52

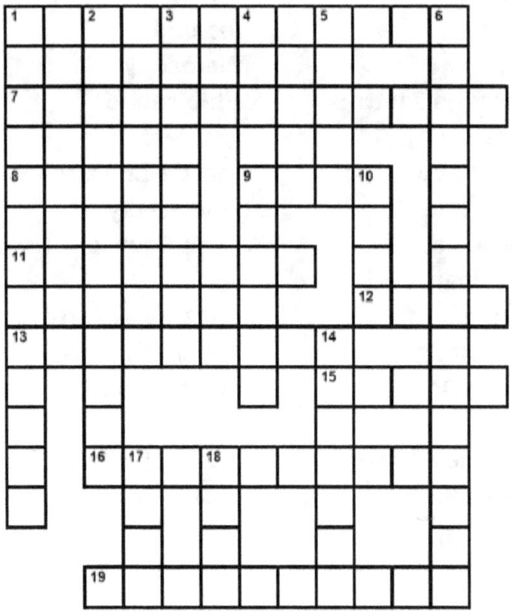

mots de 4 lettres
Ajar
Dusk
Kern
Kink
Mako

mots de 5 lettres
Loess
Reuse
Tools

mot de 7 lettre
Drought

mot de 8 lettre
Raccoons

mots de 9 lettres
Dripstone
Tableland

mots de 10 lettres
Chardonnay
Priorities
Salmagundi

mots de 12 lettres
Adjudicating
Jumper cables

mots de 13 lettres
Accelerations
Combinatorial

mot de 15 lettre
Graveyard shifts

N° 53

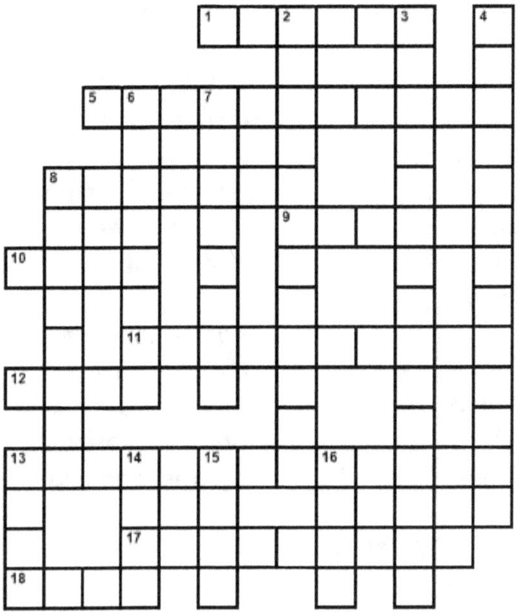

mots de 4 lettres
Abed
Alms
Bros
Fair
Many
Peas
Scud

mots de 6 lettres
Drum up
Moo-cow

mot de 7 lettre
Atheism

mots de 8 lettres
Away game
Etherify
Thievery

mot de 9 lettre
Eponymous

mot de 10 lettre
Forecastle

mot de 11 lettre
Pentecostal

mot de 12 lettre
Uncommercial

mots de 13 lettres
Perambulators
Self-awareness

mot de 15 lettre
Pithecanthropus

N° 54

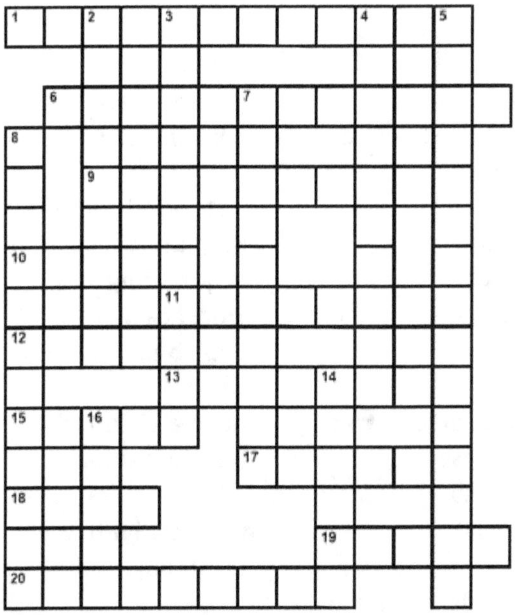

mot de 4 lettre
Blub

mots de 5 lettres
Credo
Elude
Flood
Reeks
Vases

mots de 6 lettres
Enlist
Uglify

mots de 8 lettres
Extrudes
Univocal

mots de 9 lettres
Electrify
Nakedness

mots de 10 lettres
Disinherit
Poker-faced
Tin whistle

mot de 11 lettre
Doll's houses

mots de 12 lettres
Discoverable
Gonadotropic
Skeleton keys

mot de 15 lettre
Crystallisation

N° 55

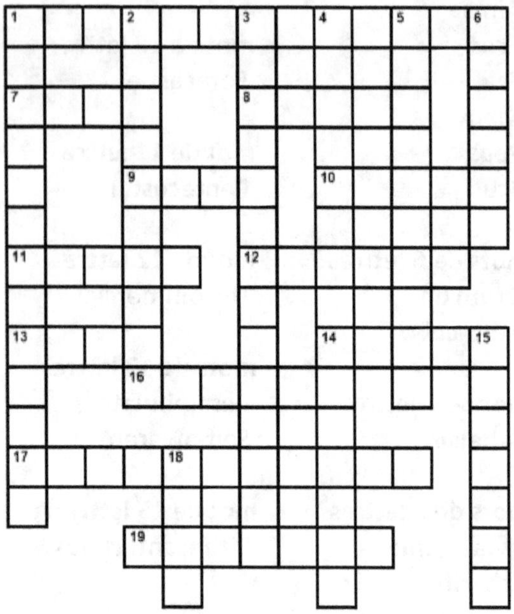

mots de 4 lettres
Dean
Hail
Hike
Stun

mots de 5 lettres
Dirts
Equal
Tacts
Yogis

mots de 6 lettres
Divide
Schism
Stelae

mots de 7 lettres
Hipless
Slavish

mots de 10 lettres
Easy chairs
Landscaped

mot de 11 lettre
Incoherence

mots de 13 lettres
Healthfulness
Hydrocephalic

mot de 14 lettre
Flying squirrel

mot de 15 lettre
Lightheadedness

N° 56

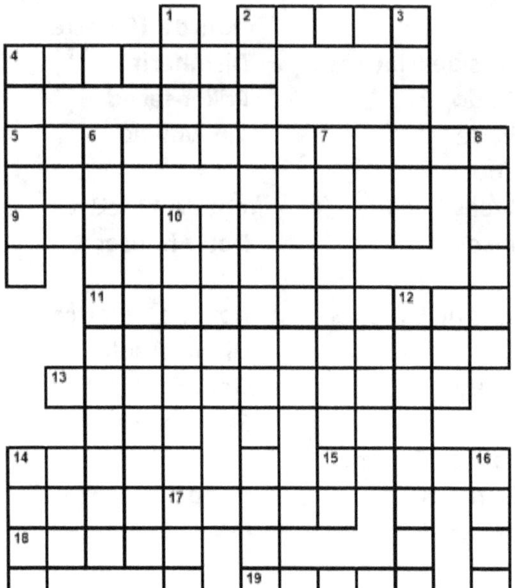

mots de 4 lettres
Rand
Saps
Sian

mots de 5 lettres
Crews
Euler
Pasha
Sylph
Wiped
Yucky

mots de 6 lettres
Abbess
Shiksa
Social

mot de 7 lettre
Angrier

mot de 8 lettre
Oenology

mots de 10 lettres
Square-toed
Throughway

mots de 11 lettres
Burglarious
Objurgating
Smart casual
Soap bubbles

mot de 13 lettre
Business suits

mot de 15 lettre
Crystallography

N° 57

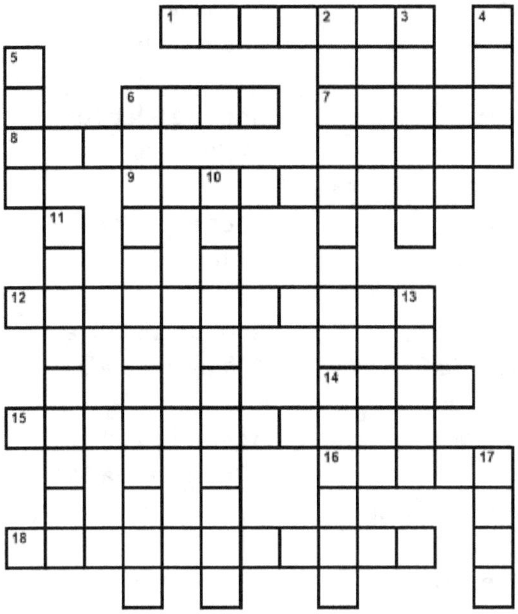

mots de 4 lettres
Cost
Dojo
Juju
Legs
Sick
Slur

mots de 5 lettres
Ragas
Units
Vests

mot de 6 lettre
Tribal

mot de 7 lettre
Froglet

mots de 9 lettres
Pavarotti
Policeman
Potpourri

mots de 11 lettres
Avocado pear
Loud-mouthed
Timekeepers

mot de 13 lettre
Supercomputer

mot de 15 lettre
Laurence Olivier

N° 58

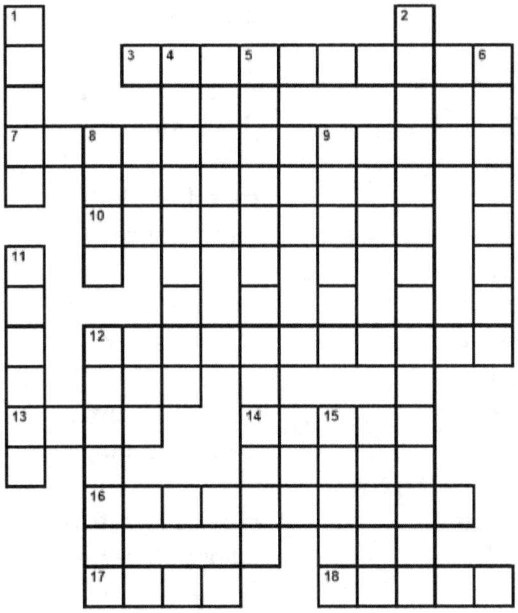

mots de 4 lettres
Brie
Hebe
Trig

mots de 5 lettres
False
Innit
Laser
Nodal

mots de 6 lettres
Cagier
Snobby

mot de 7 lettre
Veinlet

mot de 8 lettre
Gayeties

mots de 9 lettres
Admeasure
Brannigan

mots de 10 lettres
Lay hands on
Tailgating

mot de 11 lettre
Vertebrates

mots de 13 lettres
Latin-American
Schematically

mot de 15 lettre
Filling stations

N° 59

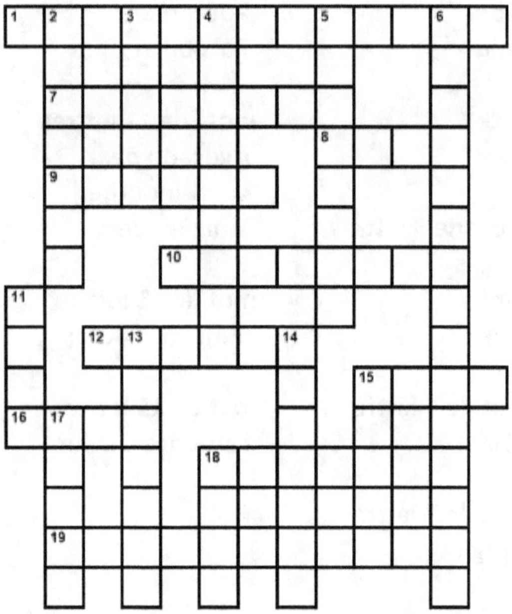

mots de 4 lettres
Blah
Bozo
Hove
Limn
Mazy

mots de 5 lettres
Auric
Malta
Osaka

mots de 6 lettres
Betted
Unclog

mots de 7 lettres
At fault
Domains
Eyeball
Leaflet

mots de 8 lettres
Forelimb
Lobbyers
Rewa-rewa

mot de 9 lettre
Yellowest

mot de 11 lettre
Kilimanjaro

mot de 13 lettre
Canary Islands

mot de 15 lettre
Democratization

N° 60

mots de 4 lettres
Goys
Hewn
Lulu
Mist
Ruts
Spar

mots de 5 lettres
Bursa
Gulag
Paled
Rorts
Totem

mots de 7 lettres
Dressed
Oblique

mot de 8 lettre
Coulombs

mots de 9 lettres
Coliseums
Die-sinker

mot de 10 lettre
Back-number

mot de 11 lettre
Biochemical

mot de 12 lettre
Subjectivism

mot de 13 lettre
Second thought

mot de 15 lettre
Longsightedness

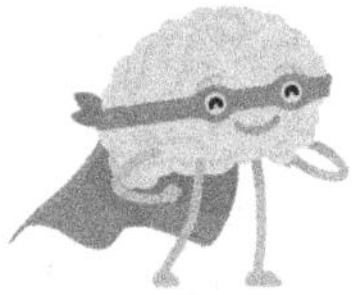

N° 61

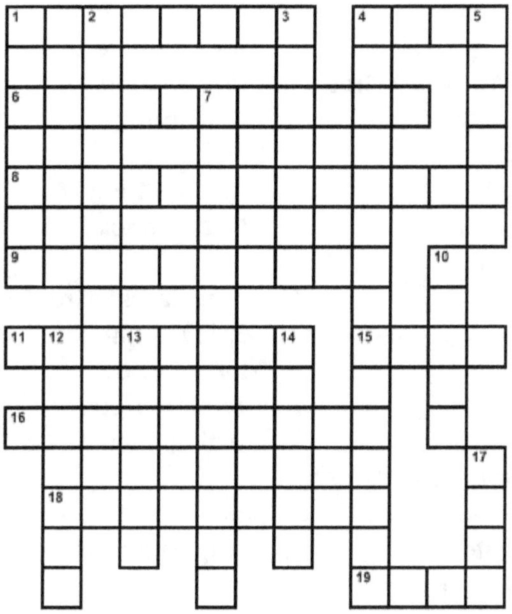

mots de 4 lettres
- Bubs
- Dobs
- Sing
- Twig

mot de 5 lettre
- Cobby

mots de 6 lettres
- At once
- Ataxia
- Stingo

mots de 7 lettres
- Annuity
- Base hit
- Dunkirk

mots de 8 lettres
- Beebread
- Pasadena

mots de 9 lettres
- Errorless
- Incognito

mots de 10 lettres
- Inconstant
- Tiebreaker

mot de 11 lettre
- Scrappiness

mots de 13 lettres
- Horsewhipping
- Powdered sugar

mot de 15 lettre
- Disapprobations

N° 62

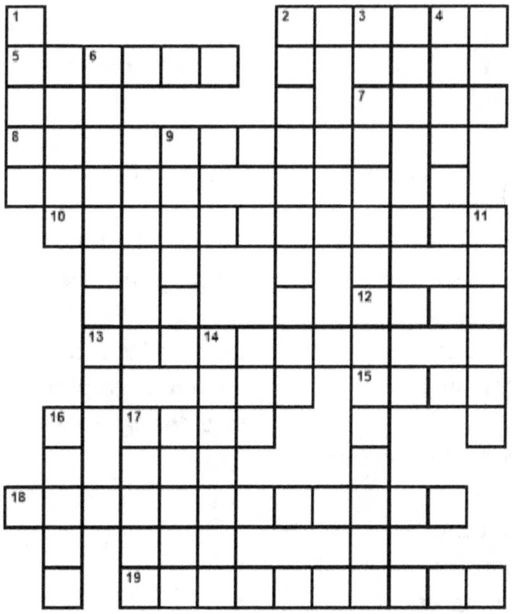

mots de 4 lettres
- Shit
- Syne
- Tons
- Who'd

mots de 5 lettres
- Punic
- Sioux
- Wooer

mots de 6 lettres
- Kaiser
- Kismet
- Lusaka
- Pompon
- Upbeat

mot de 7 lettre
- Gooiest

mot de 8 lettre
- Feng shui

mot de 9 lettre
- Beetle off

mots de 10 lettres
- Inexplicit
- Laccoliths
- Reticently

mots de 12 lettres
- Homogenising
- Plimsoll mark

mot de 15 lettre
- Systematisation

N° 63

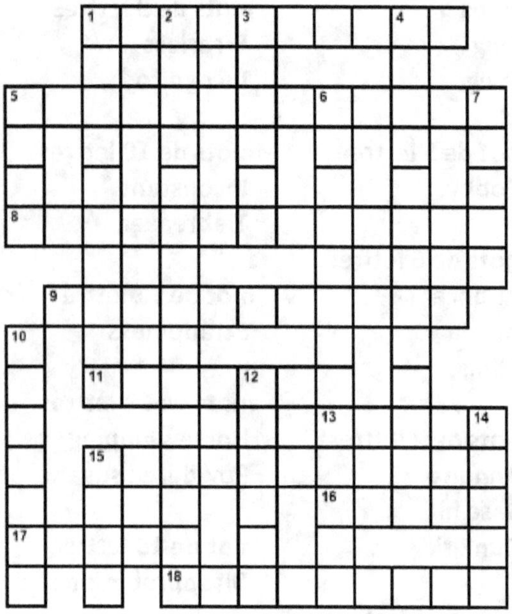

mots de 4 lettres
Vees
Want

mots de 5 lettres
Banal
Dunno
Solar
Spews
Tangs

mots de 6 lettres
Ovular
Phasic

mots de 7 lettres
Guvnors
Outcast
Venturi

mot de 9 lettre
Streetcar

mots de 10 lettres
Unapproved
Unlearning

mot de 11 lettre
Picture book

mots de 13 lettres
Epiphenomenon
Incombustible
Terpsichorean
Well-qualified

mot de 15 lettre
Acquisitiveness

N° 64

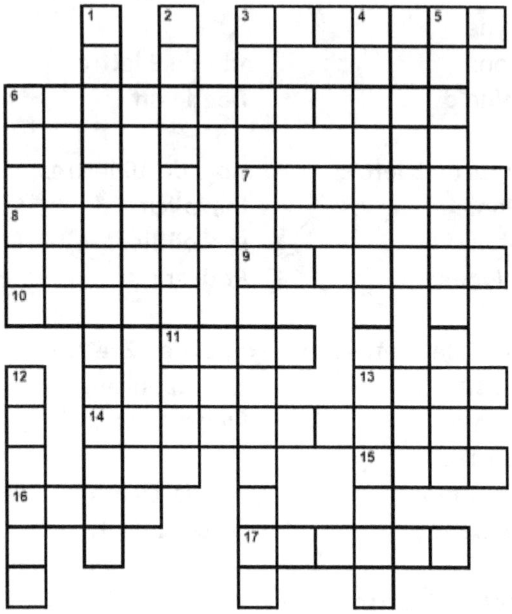

mots de 4 lettres
Bang
Lank
Pita
Reef

mot de 5 lettre
Macao

mots de 6 lettres
Lipids
Talcum
Warble

mots de 7 lettres
Canonic
Hautboy
Ipecacs
Rummest

mot de 8 lettre
Pancetta

mots de 12 lettres
Co-respondent
Pigeonholing
Tollgatherer

mot de 14 lettre
Holding company

mots de 15 lettres
Chromatographic
Interchangeable

N° 65

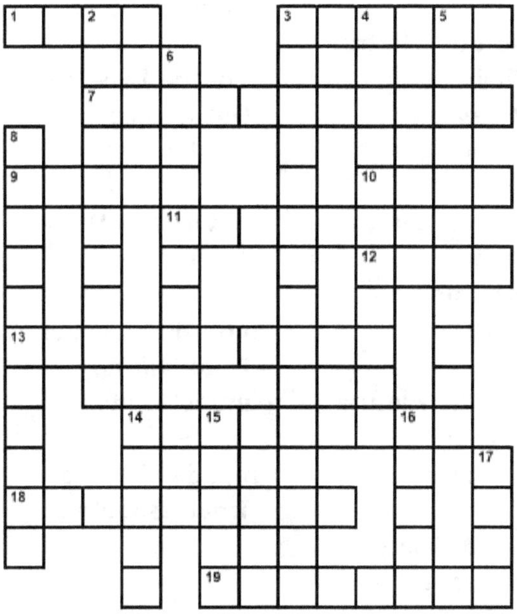

mots de 4 lettres
Doer
Ludo
Macs
Phew

mots de 5 lettres
Annex
Knife
Loren
Trays

mots de 6 lettres
Gaucho
Spaced

mot de 8 lettre
Shearers

mots de 9 lettres
Asterisks
Grandaunt

mots de 10 lettres
Expiratory
Sponge bags
Termagants

mots de 11 lettres
Acropolises
Eisteddfods
Pepper grass
Planetology

mot de 15 lettre
Service entrance

N° 66

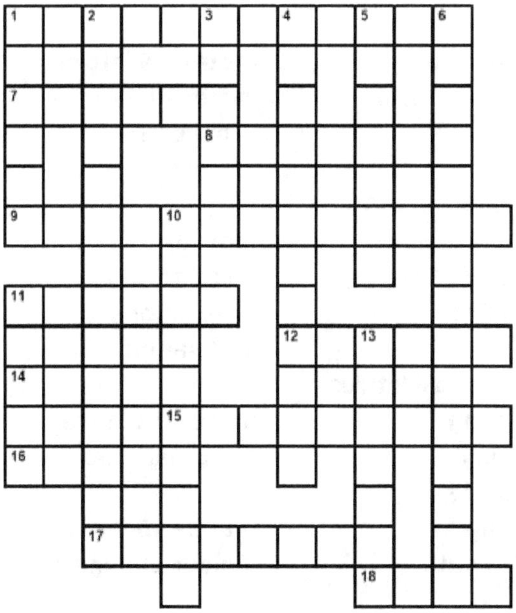

mot de 4 lettre
Gags

mots de 5 lettres
Aphis
Hooch
Saiga

mots de 6 lettres
Aboard
Chichi
Fuckup
Irised
Wombat

mots de 7 lettres
Librate
Mewling
Spheric

mot de 8 lettre
Sedation

mot de 9 lettre
Waterways

mot de 10 lettre
Earthwards

mots de 12 lettres
Freudian slip
Nightcrawler

mot de 13 lettre
Premedication

mot de 14 lettre
Epistemologies

mot de 15 lettre
Psychoanalyzing

N° 67

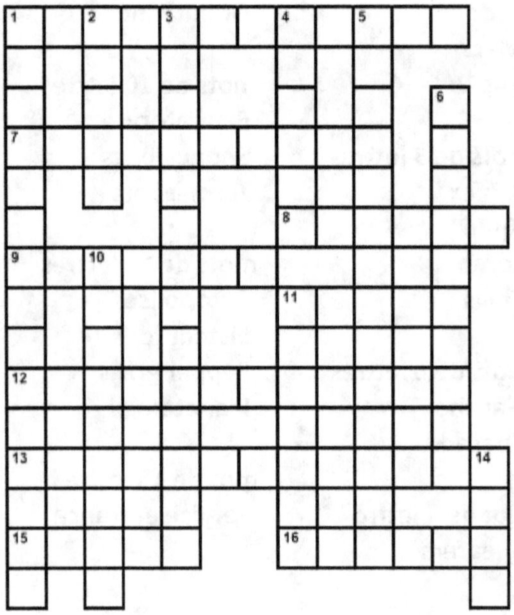

mot de 4 lettre
Sigh

mots de 5 lettres
Chair
Raggy
Rumps

mots de 6 lettres
Eerily
Exhume
Ragbag

mots de 7 lettres
Caliper
Erected

mot de 9 lettre
Easter egg

mots de 10 lettres
Millwright
Upper crust

mots de 12 lettres
Outrivalling
Terribleness

mot de 13 lettre
Turning points

mots de 14 lettres
Editorializing
Intractability

mot de 15 lettre
Troubleshooters

N° 68

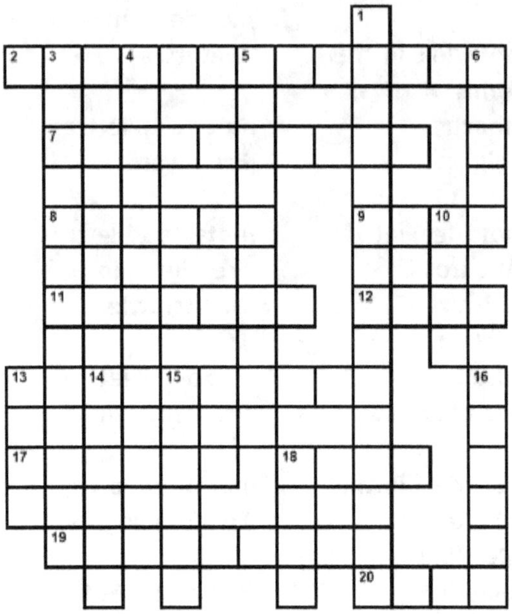

mots de 4 lettres
Leap
Mops
Razz
Safe
Seal
Sunk
Zeal

mot de 5 lettre
La Paz

mots de 6 lettres
Grison
Papain
Pootle
Rhinal
Tap out

mot de 7 lettre
Imagers

mots de 9 lettres
Nefertiti
Obbligati
Yugoslavs

mots de 10 lettres
Accelerate
Fabricator
Mitigation

mot de 13 lettre
Informational

mot de 15 lettre
Colour blindness

N° 69

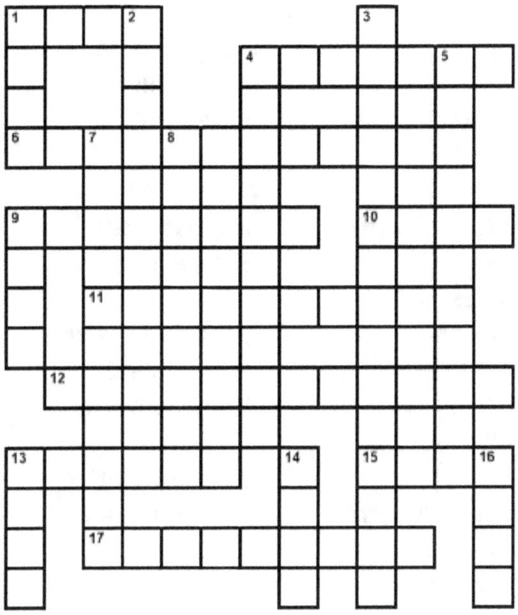

mots de 4 lettres
- Cute
- Drag
- Drat
- Give
- Jude
- Kegs
- Quad
- Saul
- Skin

mot de 6 lettre
- Quinsy

mot de 7 lettre
- Highboy

mot de 8 lettre
- Jalousie

mots de 9 lettres
- Go-getters
- Launchers

mots de 10 lettres
- Have it away
- Mechanical

mots de 11 lettres
- Outbuilding
- Unlimbering

mots de 12 lettres
- Truelove knot
- Vegetable oil

mot de 15 lettre
- Chinese checkers

N° 70

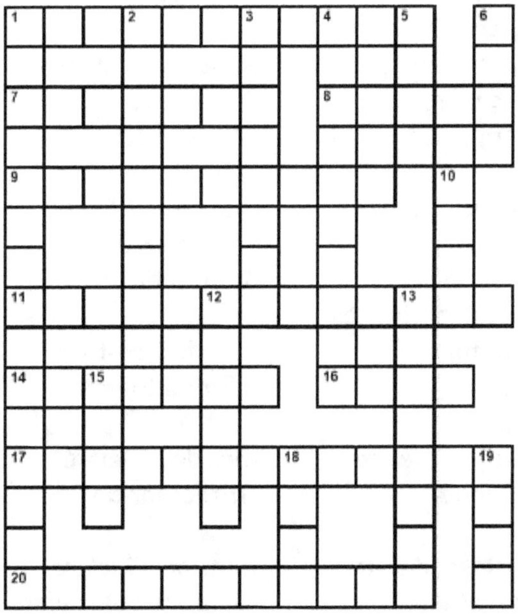

mots de 4 lettres
- Derv
- Jell
- Ocas
- Papa
- Stab
- Tonk
- Yobs

mot de 5 lettre
- Urban

mot de 6 lettre
- Rimier

mots de 7 lettres
- Dessert
- Empyema

mots de 8 lettres
- Gardened
- Metadata

mots de 10 lettres
- Double bind
- Role models
- Suspensory

mots de 11 lettres
- Readdressed
- Unashamedly

mots de 13 lettres
- Encouragingly
- Tape recorders

mot de 15 lettre
- Under the weather

N° 71

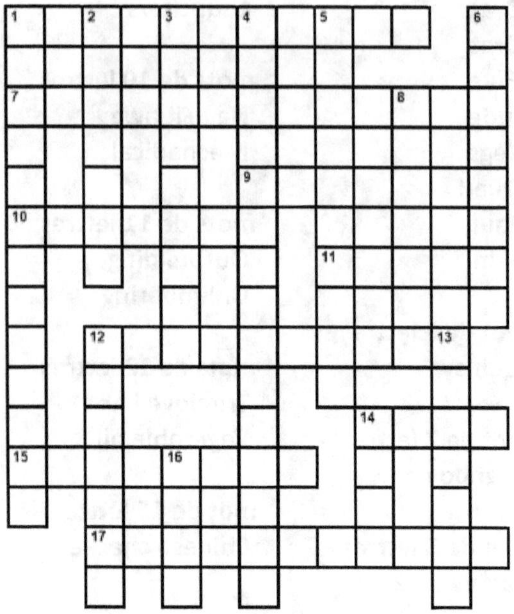

mots de 4 lettres
Hats
Hoot
Trip

mot de 5 lettre
Coked

mots de 7 lettres
Asepsis
Ashiest
Enteron
Grommet
Kishkes
Pak choi

mots de 8 lettres
Lay aside
Twin tubs

mot de 9 lettre
Interment

mots de 10 lettres
Antagonise
Iridescent

mots de 11 lettres
Imprisoning
Slide action

mots de 13 lettres
Intangibility
Take the Mickey

mot de 15 lettre
Operating tables

N° 72

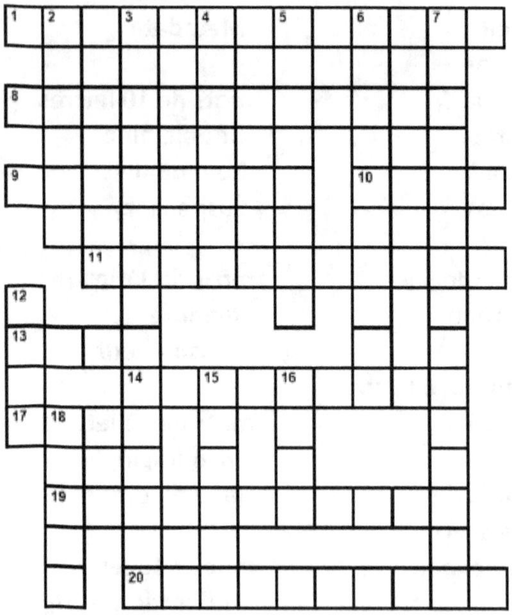

mots de 4 lettres
Blog
Gibe
Glad
Lace
Lapp

mot de 5 lettre
Lowed

mots de 6 lettres
Mumbai
Reheat

mot de 7 lettre
Cyanate

mots de 8 lettres
Bangtail
Hoodlums

mot de 9 lettre
Demagogic

mots de 10 lettres
Ruralizing
Skirmished

mots de 11 lettres
Intermezzos
Windbreaker

mot de 12 lettre
Chromatogram

mot de 13 lettre
Trisaccharide

mots de 15 lettres
Damp-proof course
Shotgun weddings

N° 73

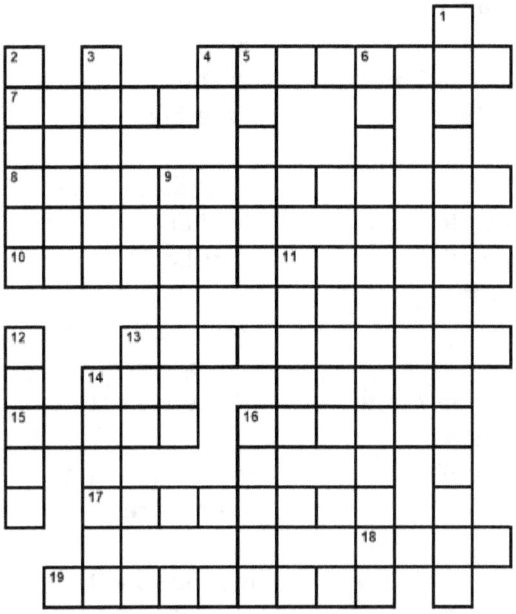

mot de 4 lettre
Lien

mots de 5 lettres
Eruct
Ladle
Roams
Tacky
Titty

mots de 6 lettres
Ithaca
Lean on
Recoil
Schema
Tut-tut

mot de 7 lettre
Otology

mots de 8 lettres
Endgames
Mind's eye

mot de 9 lettre
Saint's day

mot de 10 lettre
Coordinate

mots de 13 lettres
National Guard
Nationalities

mot de 14 lettre
Simultaneously

mot de 15 lettre
Hyperventilated

N° 74

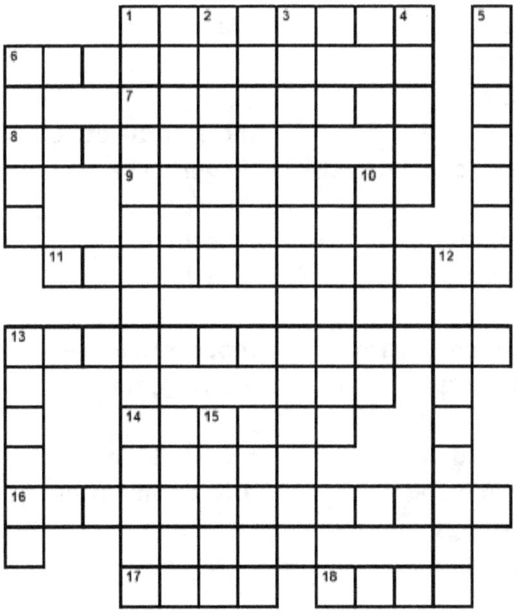

mots de 4 lettres
Cays
Grin
To-do
Zone

mots de 5 lettres
Gazer
Nifty
Raged

mots de 6 lettres
Oaring
Rarest
Staged

mots de 7 lettres
Infants
Likable

mots de 8 lettres
Illusion
Ribaldry
Taken off

mot de 9 lettre
Evensongs

mot de 12 lettre
Prebendaries

mots de 13 lettres
Extinguishing
Stationmaster

mot de 14 lettre
Senile dementia

N° 75

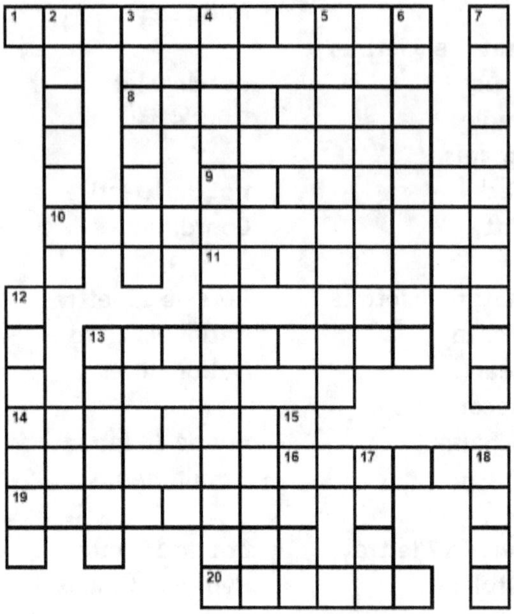

mots de 4 lettres
Cams
Drum

mots de 5 lettres
Netty
Verdi

mots de 6 lettres
Exceed
Rarefy
Shyest

mots de 7 lettres
Birched
Observe
Tatters

mots de 8 lettres
Christen
Detoxify
Efferent
Nighties
True-blue

mots de 9 lettres
Ruffianly
Sterility

mots de 10 lettres
Cellophane
Kyrgyzstan

mot de 11 lettre
Post offices

mot de 15 lettre
Founding Fathers

N° 76

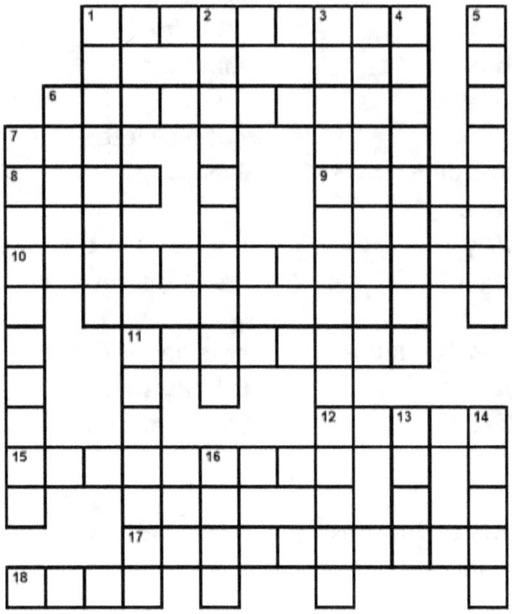

mots de 4 lettres
Ceps
Furs
Rend
Ta-ta

mots de 5 lettres
Ascus
Older
Stays

mot de 7 lettre
Inkpots

mots de 8 lettres
Immersed
Inklings
Relaters

mots de 9 lettres
Comedians
Hesperian
Rhapsodic

mots de 10 lettres
Paperbacks
Play possum
Sticktight
Tonelessly

mot de 13 lettre
Carriage trade

mot de 15 lettre
Discontinuances

N° 77

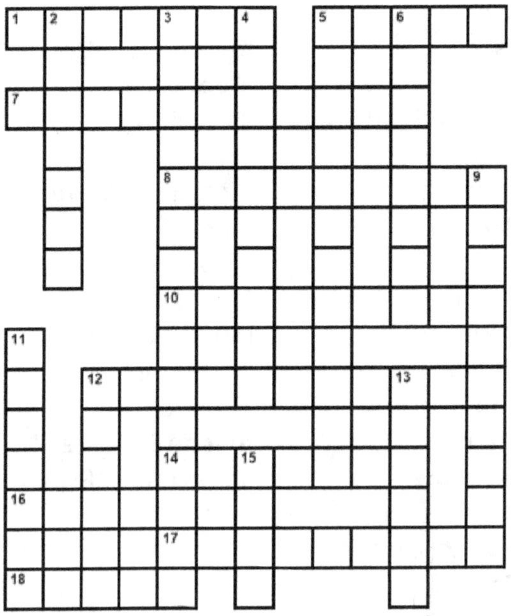

mot de 4 lettre
Rude

mots de 5 lettres
Baste
Immix
Pauli

mots de 6 lettres
Distil
Gamuts

mots de 7 lettres
Brewpub
Islands
Mightn't
Xerosis

mot de 8 lettre
Misusage

mots de 9 lettres
Deductive
Mugginess
Newscasts

mots de 10 lettres
Seasonable
Troy weight

mots de 11 lettres
Albatrosses
Guilt-ridden

mot de 12 lettre
Insecurities

mot de 15 lettre
Titanium dioxide

N° 78

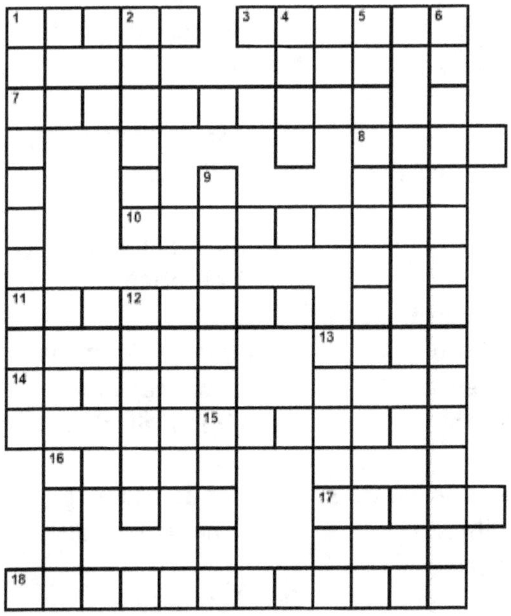

mots de 4 lettres
Brio
Bubo
Ofay
Week

mots de 5 lettres
Besom
Hoo-ha
Unapt

mots de 6 lettres
Hulled
Ionise
Opener
Sonant

mots de 7 lettres
Buyouts
New Year

mot de 8 lettre
Unlisted

mots de 9 lettres
Awkwarder
Dead march

mot de 10 lettre
Whale shark

mots de 11 lettres
Easternmost
How-do-you-dos

mot de 12 lettre
Coquettishly

mot de 15 lettre
Telephotography

N° 79

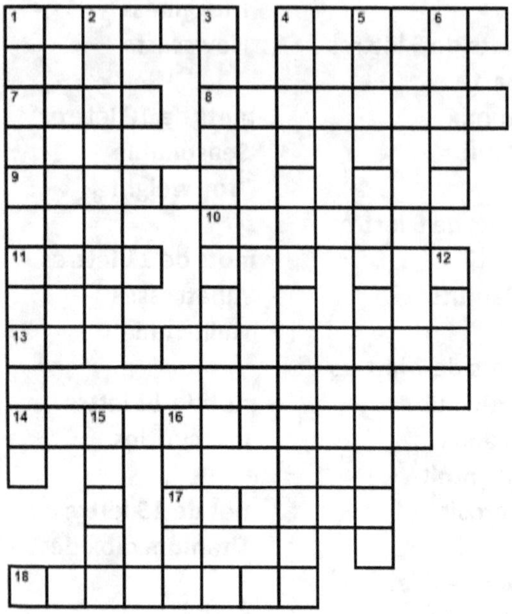

mots de 4 lettres
- Bats
- Jays
- Sake

mots de 5 lettres
- Oddly
- Ragga
- Reach

mots de 6 lettres
- Cyclic
- Deride
- Epical
- Intern
- Rented

mots de 8 lettres
- Cetacean
- Mealy bug

mot de 9 lettre
- Nitpicked

mots de 11 lettres
- Decalcified
- Periodicity

mots de 12 lettres
- Additionally
- Rubberstamps

mot de 14 lettre
- Technicalities

mot de 15 lettre
- Interconnecting

N° 80

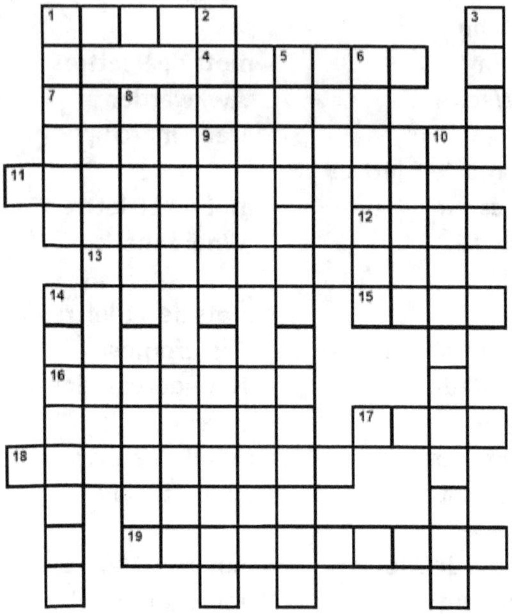

mots de 4 lettres
- Cues
- Lewd
- Ship
- Zoom

mots de 5 lettres
- Laver
- Least

mots de 6 lettres
- Dehorn
- Lulled
- Yelled

mots de 7 lettres
- Edibles
- Specula

mots de 8 lettres
- Aluminum
- Honouree
- Must-have

mot de 9 lettre
- Shelducks

mot de 10 lettre
- Stentorian

mots de 12 lettres
- Unwritten law
- Violoncellos

mot de 14 lettre
- Laundry baskets

mot de 15 lettre
- Tyrannosauruses

N° 81

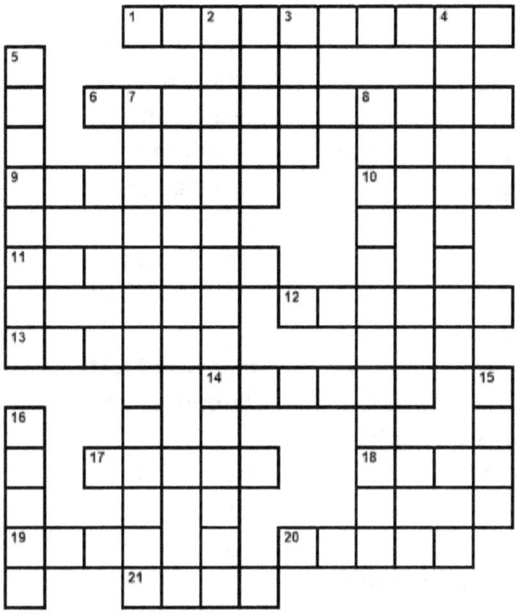

mots de 4 lettres
- Bora
- Dunk
- Kirk
- Rosy
- Take
- Wept

mots de 5 lettres
- Dunny
- Lores
- Wombs

mots de 6 lettres
- Caruso
- Quaint
- Unload

mots de 7 lettres
- Adjunct
- Soloing

mot de 8 lettre
- Triassic

mot de 9 lettre
- Relapsing

mot de 10 lettre
- Cricketers

mot de 11 lettre
- Unsparingly

mot de 12 lettre
- New Zealander

mot de 13 lettre
- Neuromuscular

mot de 15 lettre
- Impecuniousness

N° 82

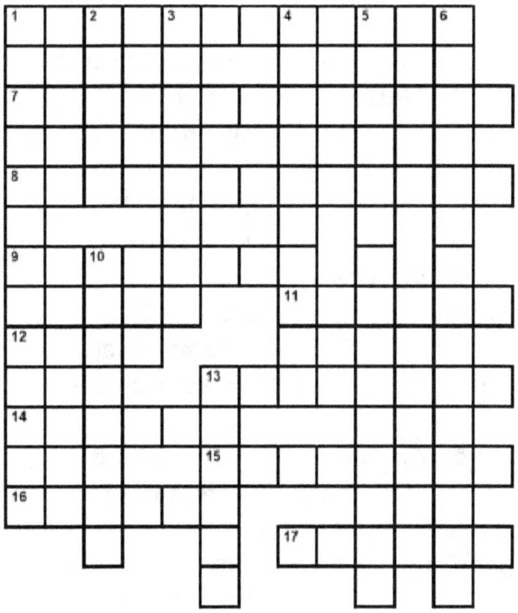

mot de 4 lettre
- Racy

mot de 5 lettre
- Matte

mots de 6 lettres
- Deduce
- Malone
- Sateen
- Travel
- Ulcers

mots de 8 lettres
- Confirms
- European
- Richards
- Rooftops
- Underage

mot de 10 lettre
- Unlicensed

mot de 12 lettre
- Camera lucida

mots de 13 lettres
- Concelebrated
- Electrocution
- National parks

mots de 15 lettres
- Acknowledgement
- Ivan the Terrible

N° 83

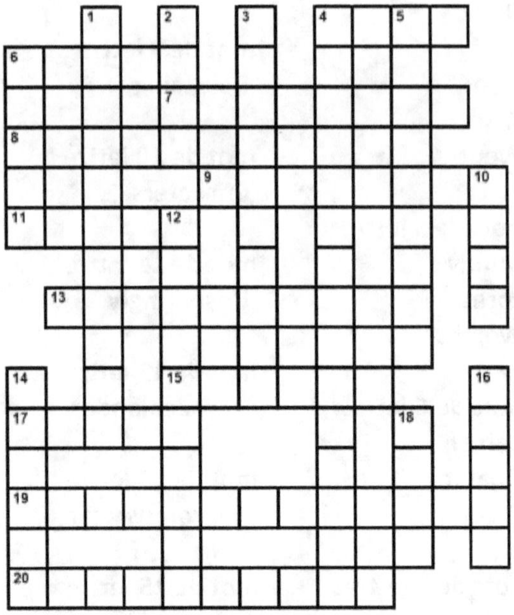

mots de 4 lettres
Cavy
Jess
Loon
Snug

mots de 5 lettres
Lopes
Sones
Talks
Thule
Tipsy
Yenta

mots de 6 lettres
Gypsum
Tidbit

mots de 8 lettres
Chartres
Swanneck

mot de 9 lettre
Vicarages

mots de 10 lettres
Crash-dived
Macadamise
Observance
Spectacled

mot de 11 lettre
Jumping bean

mot de 13 lettre
Supplications

mot de 15 lettre
Contraindicates

N° 84

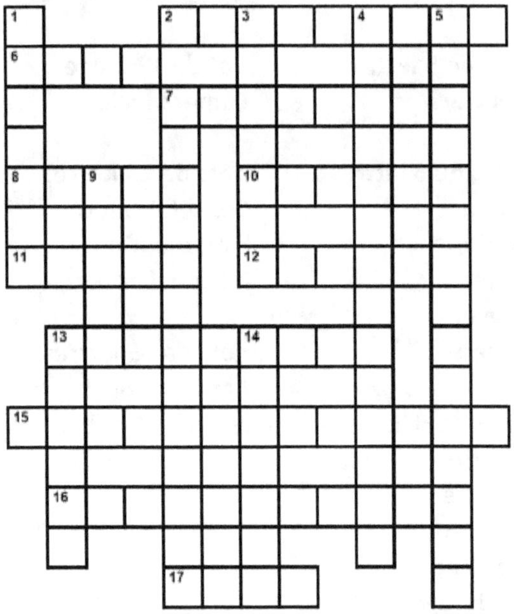

mots de 4 lettres
Obit
Spry

mots de 5 lettres
Depth
Larva
Ripen

mots de 6 lettres
Aeneid
Fairer
Syndic

mots de 7 lettres
Hoarser
Hobbled
Spliffs

mot de 8 lettre
Well-knit

mots de 9 lettres
Anarchist
Listens in

mot de 11 lettre
Idiot savant

mots de 13 lettres
International
Weatherproofs

mot de 14 lettre
Nontraditional

mot de 15 lettre
Interscholastic

N° 85

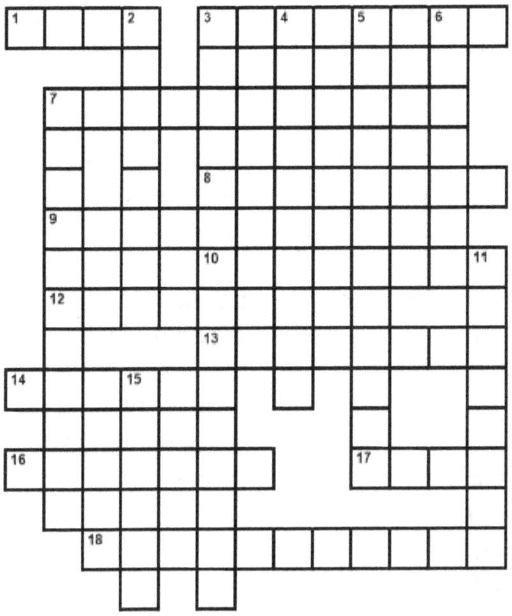

mots de 4 lettres
Sane
Tuff

mots de 5 lettres
Hot up
Stoic

mots de 6 lettres
Charon
Fascia

mots de 7 lettres
Egg yolk
Keratin

mots de 8 lettres
Earmarks
Forty-two
Inedible
Ohmmeter
Seedbeds
Sky pilot

mot de 10 lettre
Money order

mots de 11 lettres
Forebodings
Nerve ending
Nightshades

mot de 12 lettre
Eliminations

mot de 15 lettre
Overspecializes

N° 86

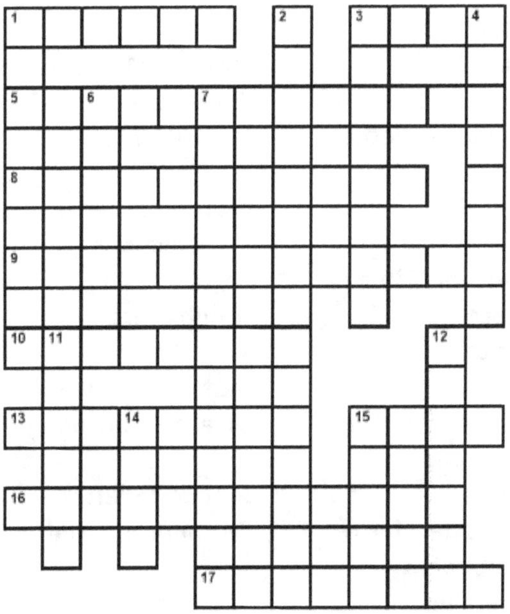

mots de 4 lettres
Boss
Digs
Gimp

mot de 5 lettre
Basra

mots de 6 lettres
Aikido
Omegas

mots de 7 lettres
In style
Wherein

mots de 8 lettres
Convince
Goitrous
Muscadel
Passkeys
Verdicts

mot de 9 lettre
Asphaltic

mot de 11 lettre
Anemometers

mot de 12 lettre
Languorously

mots de 13 lettres
Power stations
Symphonic poem
Treacherously

mot de 15 lettre
Quarter sessions

N° 87

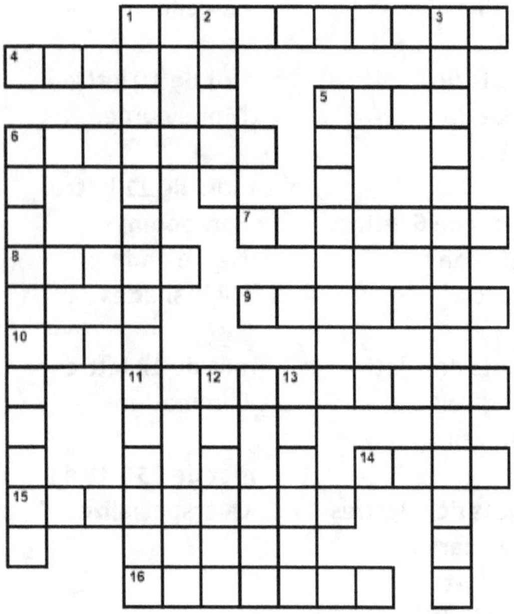

mots de 4 lettres
Bern
Colt
Doge
Kahn

mots de 5 lettres
Offer
Toxic

mots de 6 lettres
Tabour
Truism

mots de 7 lettres
Eatings
Unchain
Wagoner
Yardman

mot de 8 lettre
Calcutta

mot de 9 lettre
Free-to-air

mots de 10 lettres
Isochronal
Rat-a-tat-tat

mot de 11 lettre
White dwarfs

mots de 15 lettres
Autobiographies
Inconsiderately

N° 88

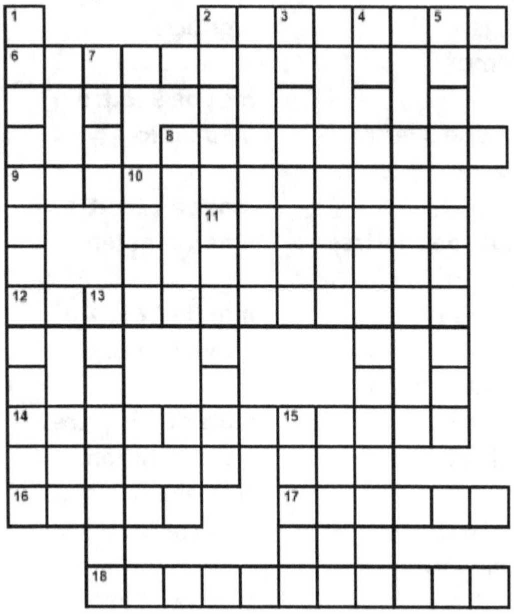

mots de 4 lettres
Dame
Held
Roll

mots de 5 lettres
Aren't
Naiad

mots de 6 lettres
Earner
Entail

mot de 7 lettre
Bleeped

mots de 8 lettres
Impudent
Narghile
Triumphs

mot de 9 lettre
Simulacra

mots de 11 lettres
Enlisted man
Hybridising

mots de 12 lettres
Benefactions
Sight-reading
Trailblazers

mot de 13 lettre
Heath Robinson

mot de 15 lettre
Misappropriated

N° 89

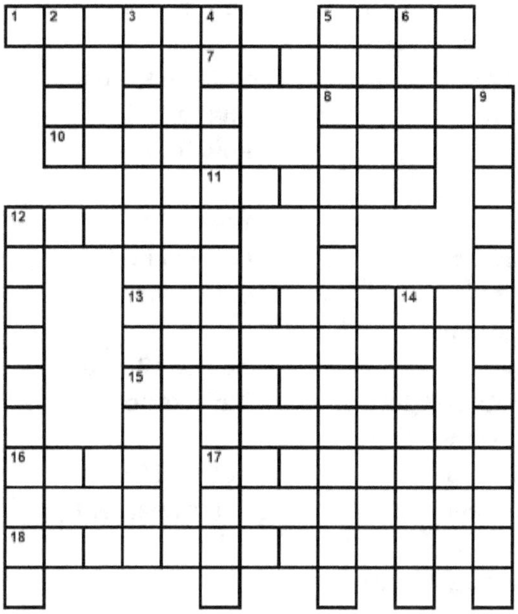

mots de 4 lettres
Cash
Soph
Tent
Wars

mots de 5 lettres
Hilum
Oxter
Ratch

mots de 6 lettres
Acacia
Afresh
Lose it

mots de 8 lettres
Amoretto
Four-eyes
Loony bin

mots de 10 lettres
Laparotomy
Treble clef

mots de 13 lettres
Matriculating
Rite of passage

mot de 14 lettre
Chelsea tractor

mots de 15 lettres
As a matter of fact
Whole wheat
bread

N° 90

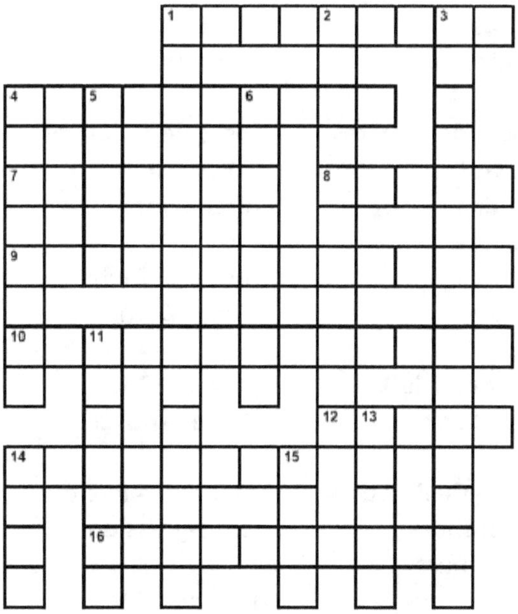

mots de 4 lettres
Pate
Suck

mots de 5 lettres
Didn't
Furry
Indri
Mulct

mots de 7 lettres
Chrisom
Sorrows

mots de 8 lettres
Escaping
Name tags
Pyramids

mot de 9 lettre
Decertify

mots de 10 lettres
Effeminacy
Welsh corgi

mot de 11 lettre
Recommenced

mots de 13 lettres
Nostalgically
Physiotherapy

mots de 15 lettres
Domestic animals
French Polynesia

N° 91

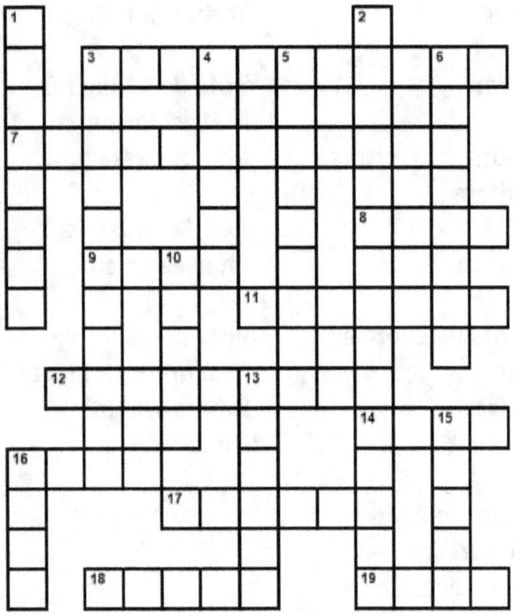

mots de 4 lettres
Dago
Duly
Romp
Taws
Vamp
Yuck

mots de 5 lettres
Medic
Melds
Ogham

mots de 6 lettres
Encamp
Ice cap
Redeem

mot de 7 lettre
Parlays

mots de 8 lettres
Gangways
Son-in-law

mots de 9 lettres
Cheap-jack
Powder keg

mots de 11 lettres
Cod-liver oil
Cover charge

mot de 12 lettre
Indiscretion

mot de 15 lettre
Radiotelegraphy

N° 92

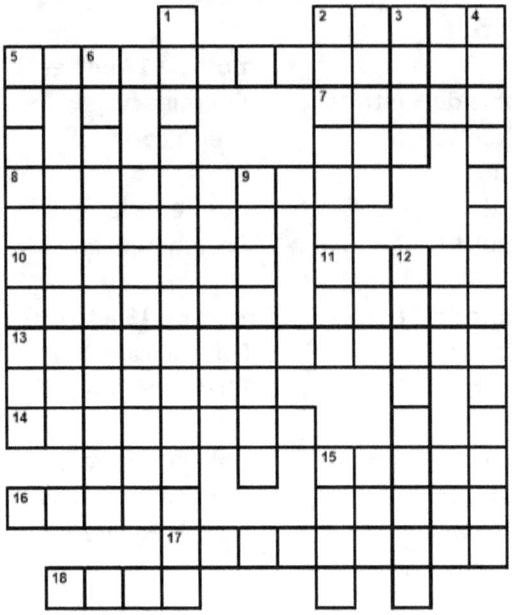

mots de 4 lettres
Aloe
Cups
Phiz

mots de 5 lettres
Chant
Pedro
Quota
Snobs
Tatar

mot de 7 lettre
Wedlock

mots de 8 lettres
Run short
Take part

mots de 9 lettres
Bastinado
Coquettes
Emaciates
Turbidity

mots de 10 lettres
Altogether
Breakwater

mot de 12 lettre
Santo Domingo

mot de 13 lettre
Time exposures

mot de 14 lettre
Transgressions

mot de 15 lettre
Wild-goose chases

N° 93

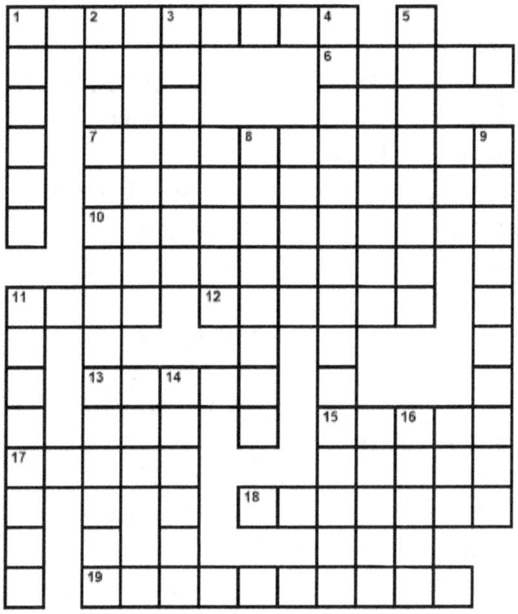

mot de 4 lettre
Bone

mots de 5 lettres
Airer
Joyed
Nouns
Primp
Yacks

mots de 6 lettres
Bartok
Rope in
Spiffy

mots de 7 lettres
Fleeing
Pace car

mots de 8 lettres
Butt pack
Outthink
Wiseacre

mot de 9 lettre
Sgraffiti

mots de 10 lettres
Night rider
Synthesise

mots de 11 lettres
Ministering
Overwritten

mots de 15 lettres
Indirect objects
Recommendations

N° 94

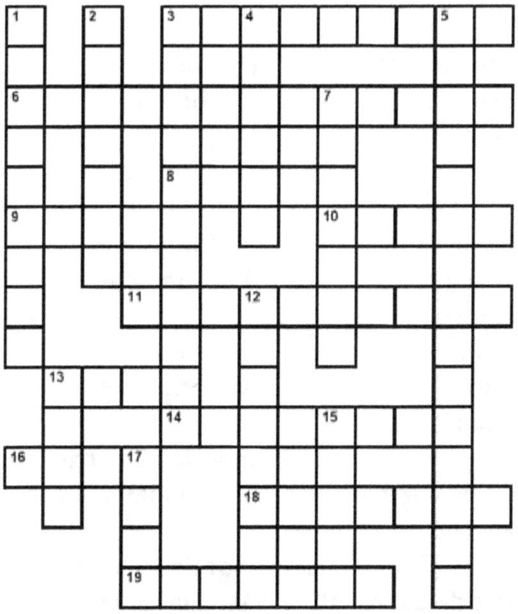

mots de 4 lettres
Cued
Czar
Hajj
Jain

mots de 5 lettres
Bosun
Lysol
Pluck
Spicy

mot de 6 lettre
Inrush

mots de 7 lettres
Erupted
Hilbert
Netsuke
Petunia

mots de 8 lettres
Guinness
Sandpile

mots de 9 lettres
Sophistic
Whitecaps

mot de 10 lettre
Gingersnap

mot de 11 lettre
Whirlybirds

mot de 13 lettre
Patriarchates

mot de 15 lettre
Pleasurableness

N° 95

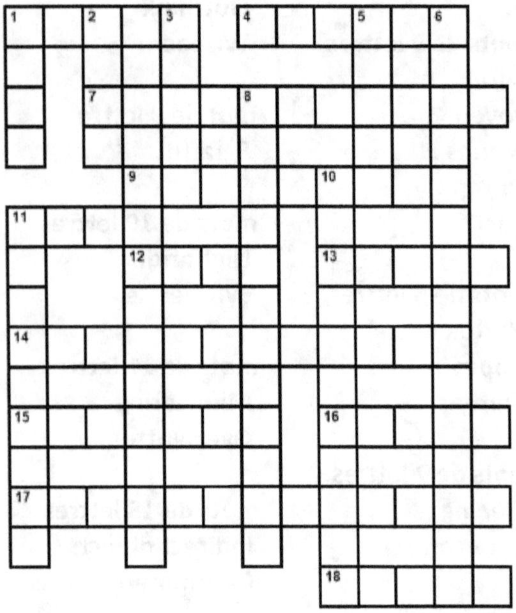

mots de 4 lettres
Auks
Berg
Cook
Shay

mots de 5 lettres
Buteo
Cubeb
Drunk
Gyrus
Lolly
Teeth

mot de 6 lettre
Bistro

mot de 7 lettre
Roberts

mots de 9 lettres
Monarchic
Show trial

mot de 10 lettre
Myasthenia

mots de 11 lettres
Calling card
Retirements

mots de 12 lettres
Rhapsodising
White admiral

mot de 13 lettre
Again and again

mot de 15 lettre
Optical illusion

N° 96

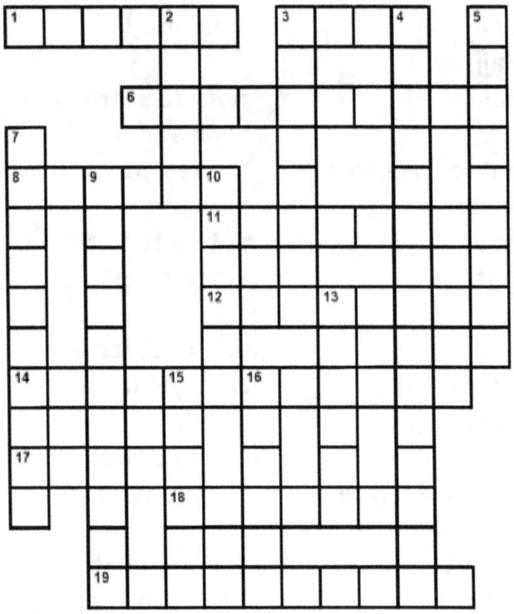

mot de 4 lettre
Spiv

mots de 5 lettres
Carol
Maser

mots de 6 lettres
As well
Curacy
Gallus
Halvah
Limply
Moloch

mot de 7 lettre
Advisee

mots de 8 lettres
Impelled
Plaguily
Split-pea

mot de 9 lettre
Birthdays

mots de 10 lettres
Dry cleaner
Psychopomp
Vacuum pump

mot de 11 lettre
Whistle stop

mot de 12 lettre
Policyholder

mot de 15 lettre
Vanilla ice cream

N° 97

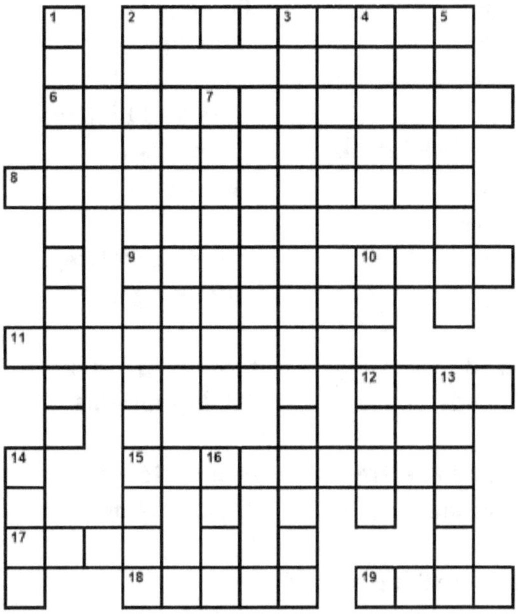

mots de 4 lettres
Axed
Beck
Cops
Feel
Go-go

mots de 5 lettres
Mazes
Scows

mot de 6 lettre
Ensure

mot de 7 lettre
Intakes

mots de 8 lettres
Sannyasi
Set forth

mots de 9 lettres
No-go areas
Panoramas

mots de 10 lettres
Adjustment
Floweriest

mot de 11 lettre
Corrigendum

mots de 12 lettres
Licentiously
Rhapsodizing

mots de 15 lettres
Place of business
Radiotelegraphs

N° 98

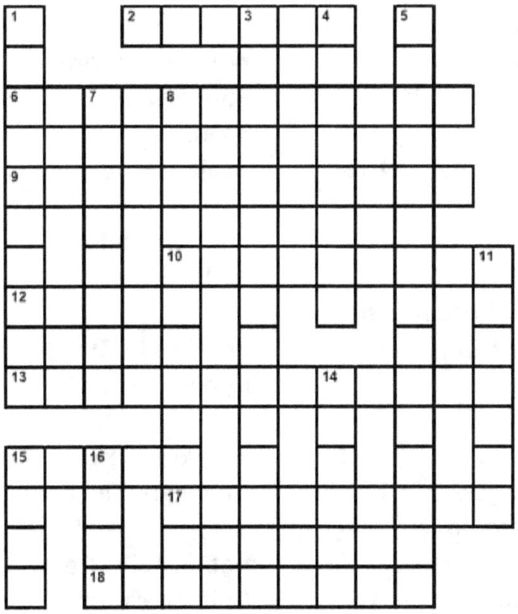

mots de 4 lettres
Cram
Pots

mots de 5 lettres
Eying
Paces

mots de 6 lettres
Apneic
Plagal

mot de 7 lettre
Employs

mots de 8 lettres
Chervils
Rotarian

mots de 9 lettres
Intaglios
Megacolon
Spoilable

mot de 10 lettre
Down-at-heel

mots de 12 lettres
Attractively
Warm the bench

mots de 13 lettres
Lance corporal
Transgressing

mots de 15 lettres
Electrophoretic
Huckleberry Finn

N° 99

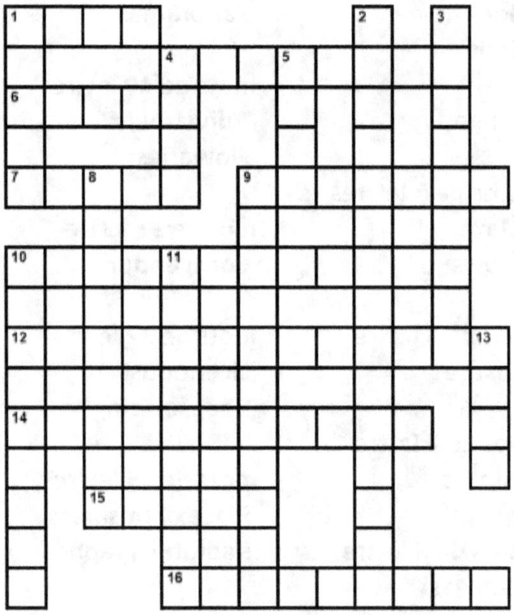

mots de 4 lettres
Aide
Flow
Spur
Thea

mots de 5 lettres
Firth
Hoyle
Radii
Reign

mot de 7 lettre
Carbide

mot de 8 lettre
Anatolia

mots de 9 lettres
Gritstone
Hawthorne
Impacting
Paradisal
Yom Kippur

mots de 11 lettres
Cognoscenti
Hypocycloid

mot de 12 lettre
Hummingbirds

mot de 13 lettre
Whippoorwills

mot de 15 lettre
Flibbertigibbet

N° 100

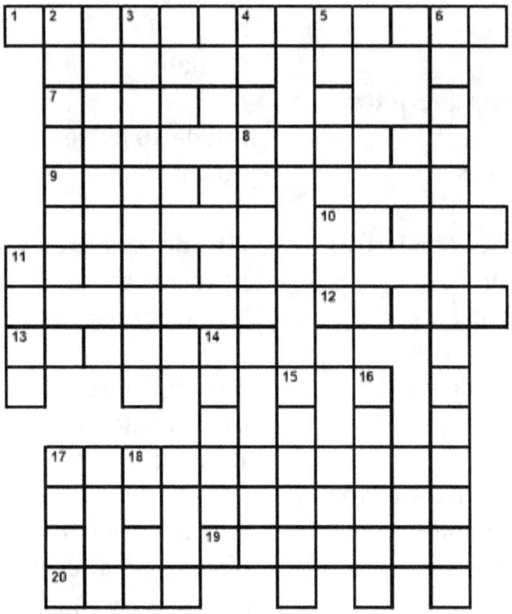

mots de 4 lettres
Agin
Bank
Kine
Scum

mots de 5 lettres
Coots
Niffy

mots de 6 lettres
Ashcan
De jure
Eff off
Elapse
Lagers
Tupelo

mots de 7 lettres
Farrago
On the go
Uprisen

mots de 9 lettres
Rhodesian
Solemnize
Subjacent

mot de 10 lettre
Alphabetic

mot de 11 lettre
By a long shot

mot de 13 lettre
Nonaggression

mot de 15 lettre
Objectification

SOLUTIONS

N° 1

N° 2

N° 3

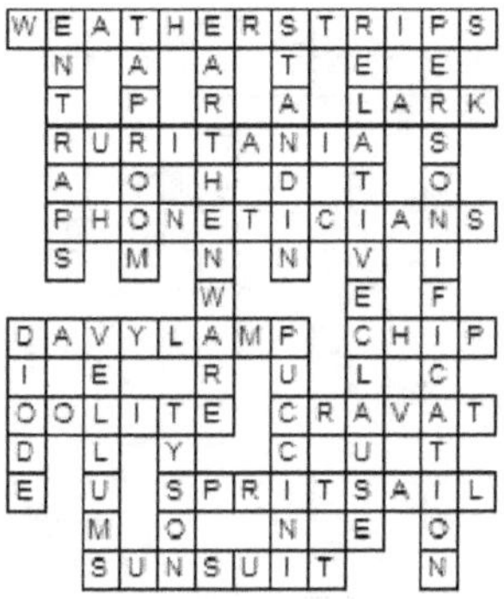

N° 4

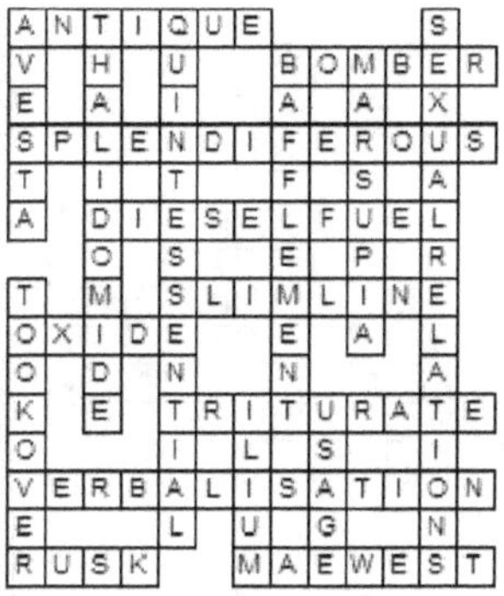

N° 5

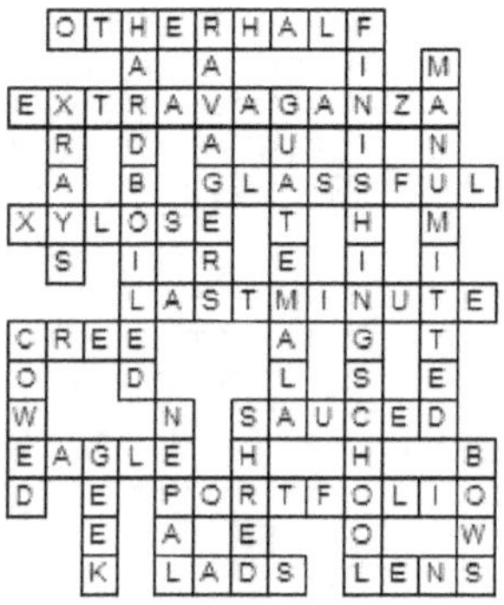

N° 6

N° 7

N° 8

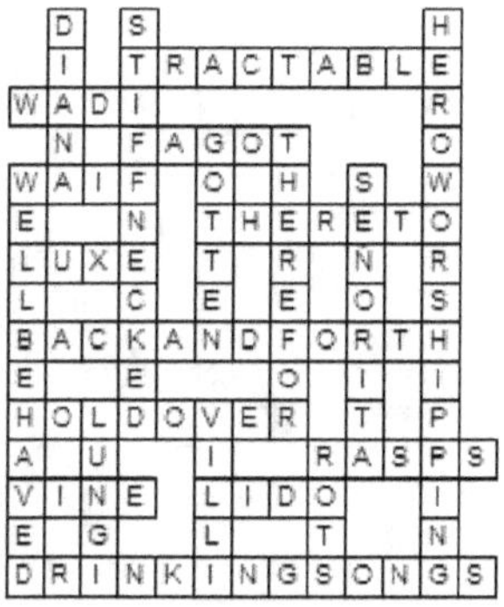

N° 9

N° 10

N° 11

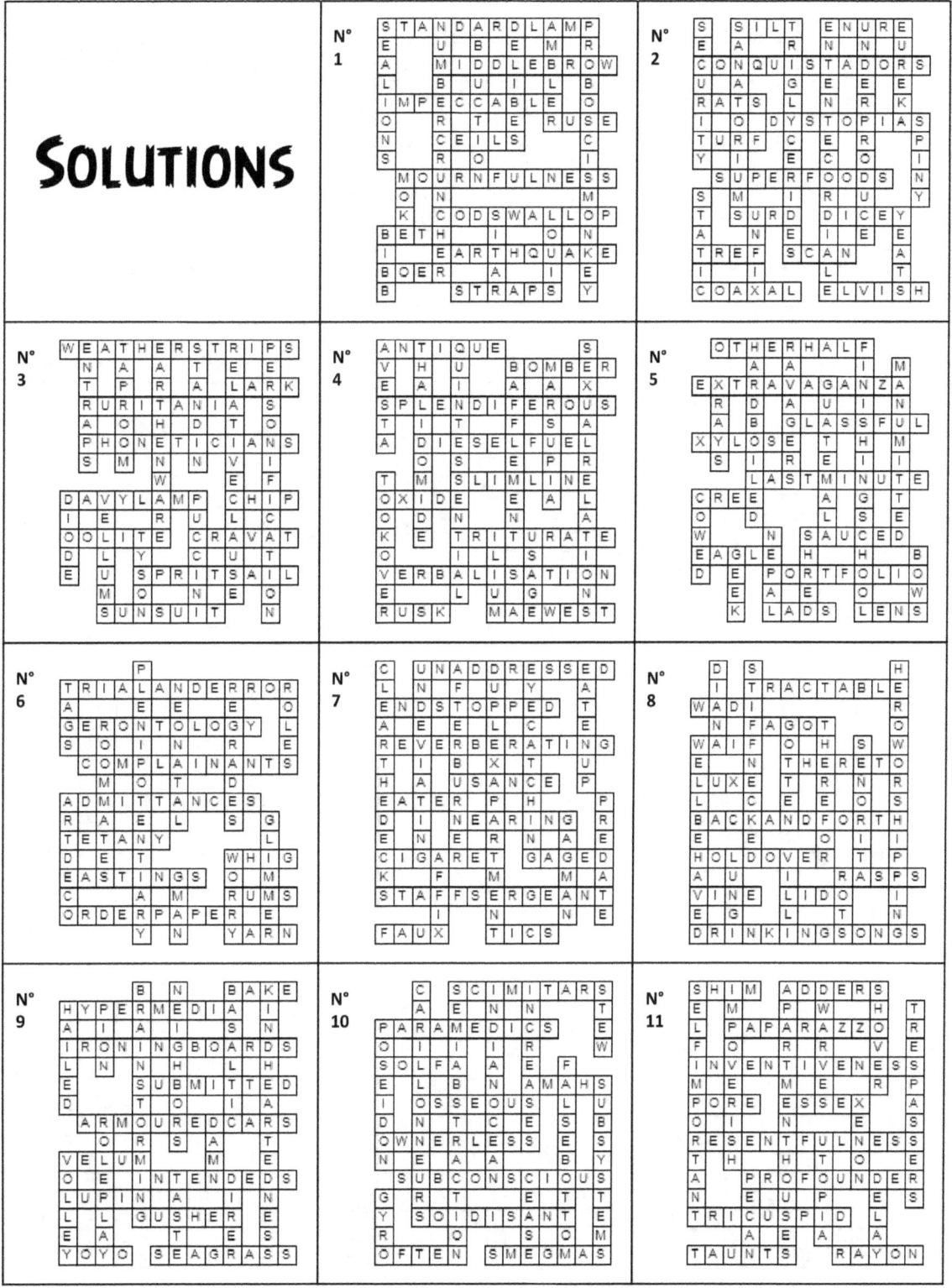

N° 12

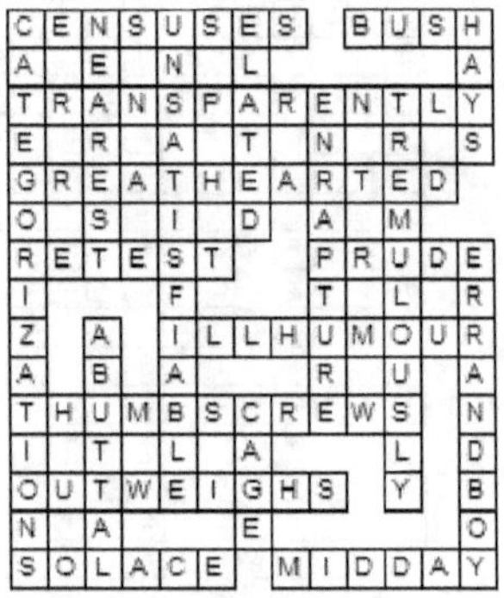

N° 13

N° 14

N° 15

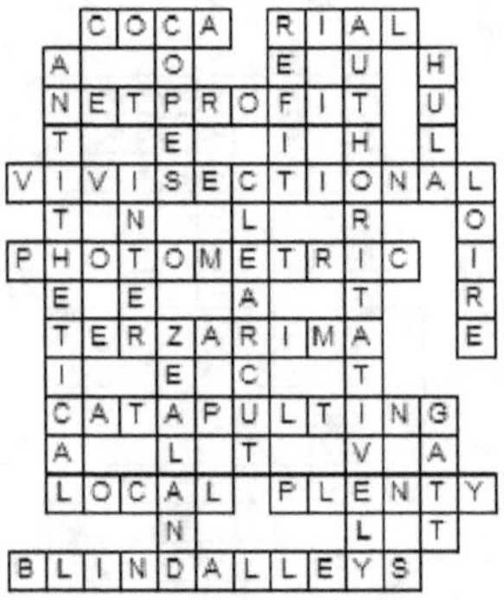

N° 16

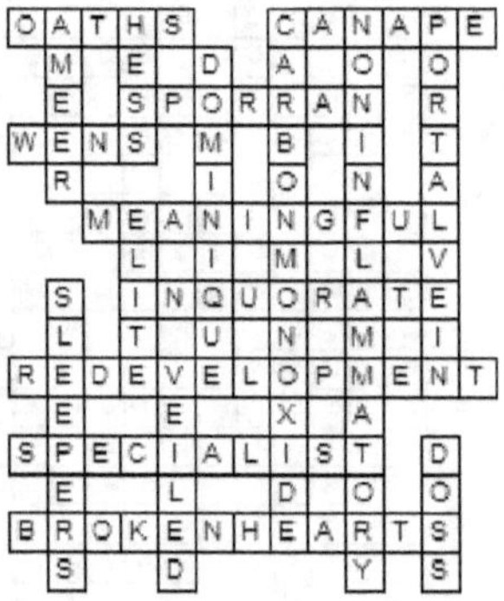

N° 17

N° 18

N° 19

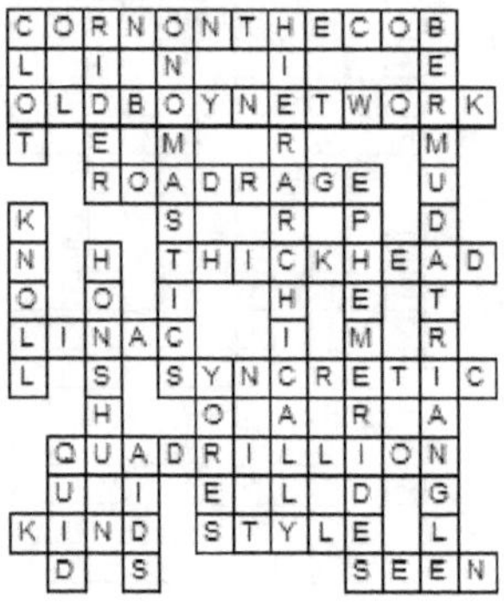

N° 20

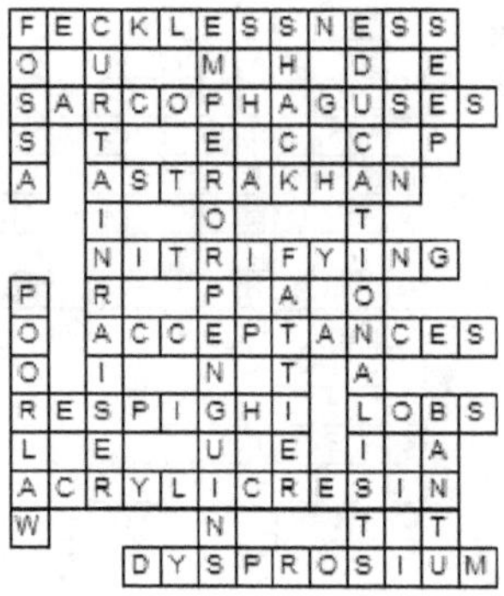

N° 21

N° 22

N° 23

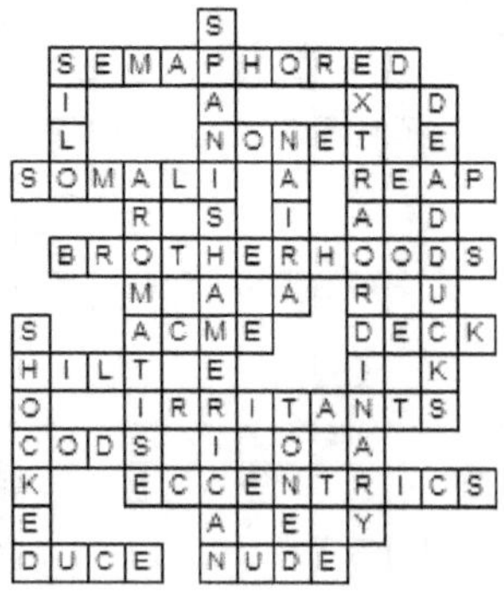

N° 24

N° 25

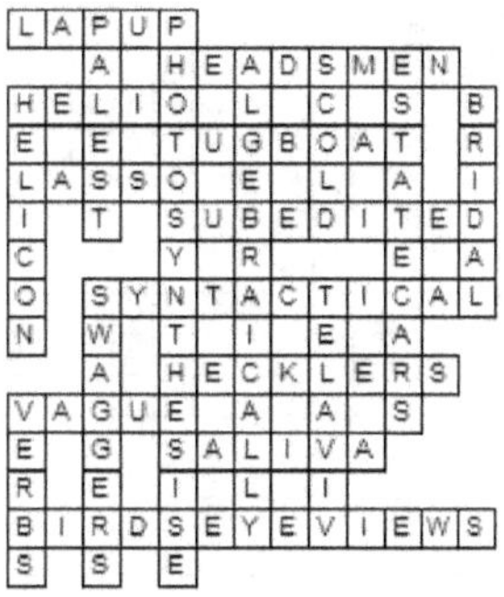

N° 26

N° 27

N° 28

N° 29

N° 30

N° 31

N° 32

N° 33

N° 34

N° 35

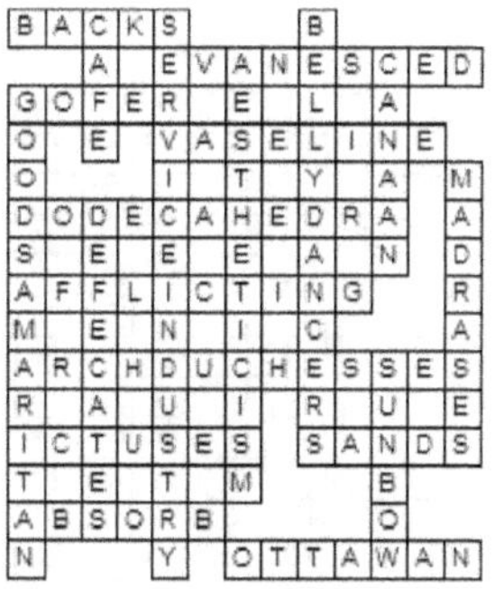

N° 36

N° 37

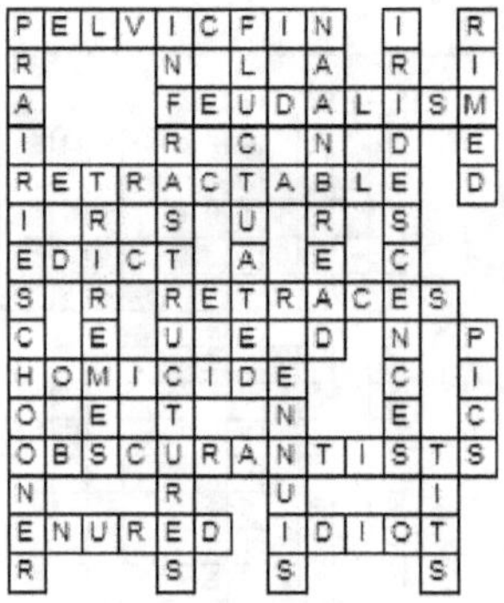

N° 38

N° 39

N° 40

N° 41

N° 42

N° 43

N° 44

N° 45

N° 46

N° 47

N° 48

N° 49

N° 50

N° 51

N° 52

N° 53

N° 54

N° 55

N° 56

N° 57

N° 58

N° 59

N° 60

N° 61

N° 62

N° 63

N° 64

N° 65

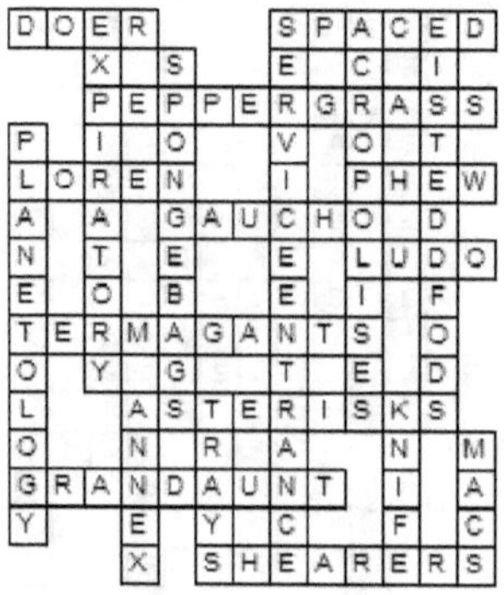

N° 66

N° 67

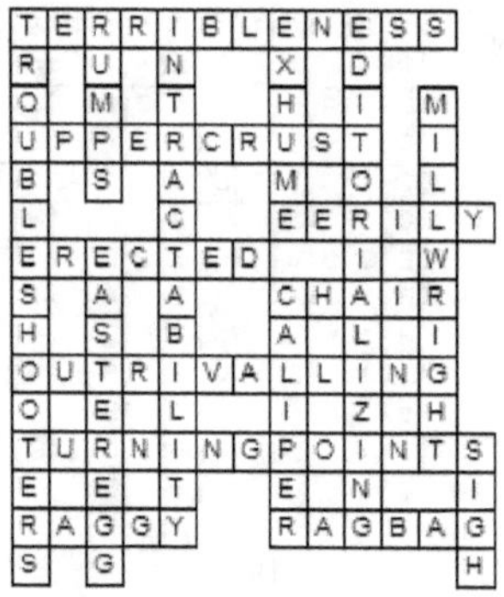

N° 68

N° 69

N° 70

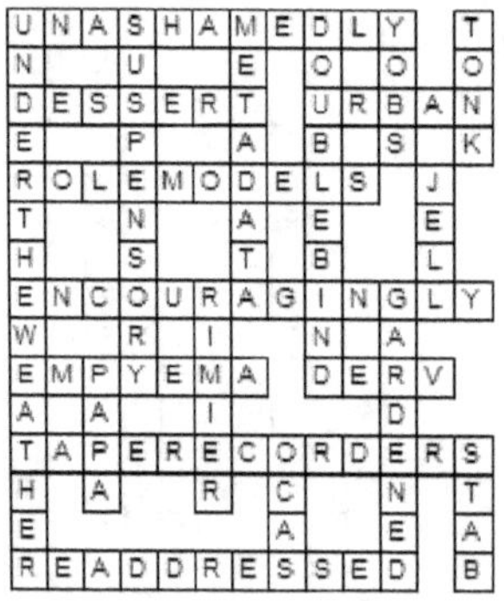

N° 71

N° 72

N° 73

N° 74

N° 75

N° 76

N° 77

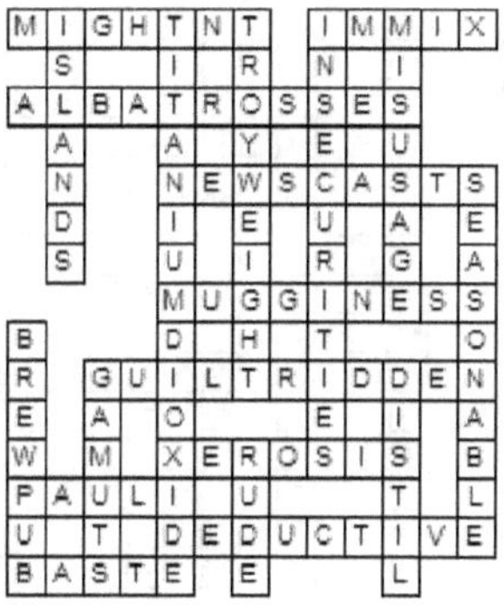

N° 78

N 79

N° 80

N° 81

N° 82

N° 83

N° 84

H				L	I	S	T	E	N	S	I	N
O	B	I	T			P			O		N	
B				W	E	L	L	K	N	I	T	
B				E		I			T		E	
L	A	R	V	A		F	A	I	R	E	R	
E		I		T		F			A		S	
D	E	P	T	H		S	Y	N	D	I	C	
		E		E					I		H	
	A	N	A	R	C	H	I	S	T		O	
	E			P		O			I		L	
I	N	T	E	R	N	A	T	I	O	N	A	L
	E			O		R			N		S	
	I	D	I	O	T	S	A	V	A	N	T	
	D			F		E			L		I	
				S	P	R	Y				C	

N° 85

T	U	F	F		O	H	M	M	E	T	E	R
			O		V		O		L		G	
	N	E	R	V	E	E	N	D	I	N	G	
	I		T		R		E		M		Y	
	G		Y		S	K	Y	P	I	L	O	T
	H	O	T	U	P		O		N		L	
	T		W		E	A	R	M	A	R	K	S
	S	T	O	I	C		D		T			E
	H				I	N	E	D	I	B	L	E
F	A	S	C	I	A		R		O			D
	D		H		L				N			B
K	E	R	A	T	I	N			S	A	N	E
	S		R		Z							D
		F	O	R	E	B	O	D	I	N	G	S
			N		S							

N° 86

A	I	K	I	D	O		Q		G	I	M	P
S							U		O			A
P	O	W	E	R	S	T	A	T	I	O	N	S
H		H			Y		R		T			S
A	N	E	M	O	M	E	T	E	R	S		K
L		R			P		E		O			E
T	R	E	A	C	H	E	R	O	U	S	L	Y
I		I			O		S		S			S
C	O	N	V	I	N	C	E				I	
	M				I		S				N	
V	E	R	D	I	C	T	S		B	O	S	S
	G		I		P		I		A		T	
L	A	N	G	U	O	R	O	U	S	L	Y	
	S		S		E		N		R		L	
					M	U	S	C	A	D	E	L

N° 87

			I	S	O	C	H	R	O	N	A	L
B	E	R	N		F						U	
			C		F			C	O	L	T	
W	A	G	O	N	E	R		A			O	
H			N		R			L			B	
I			S			U	N	C	H	A	I	N
T	O	X	I	C				U			O	
E			D			E	A	T	I	N	G	S
D	O	G	E					T			R	
W			R	A	T	A	T	A	T	T	A	T
A			A		A		R				P	
R			T		B		U		K	A	H	N
F	R	E	E	T	O	A	I	R			I	
S			L		U		S				E	
			Y	A	R	D	M	A	N		S	

N° 88

H					T	R	I	U	M	P	H	S
E	A	R	N	E	R		M		I		Y	
A		O			A		P		S		B	
T		L		S	I	M	U	L	A	C	R	A
H	E	L	D		L		D		P		I	
R			A		B	L	E	E	P	E	D	
O			M		L		N		R		I	
B	E	N	E	F	A	C	T	I	O	N	S	
I		A			Z				P		I	
N		R			E				R		N	
S	I	G	H	T	R	E	A	D	I	N	G	
O		H			S		R		A			
N	A	I	A	D			E	N	T	A	I	L
		L					N		E			
		E	N	L	I	S	T	E	D	M	A	N

N° 89

A	C	A	C	I	A			W	A	R	S	
	A		H		S	O	P	H		A		
	S		E		A			O	X	T	E	R
	H	I	L	U	M			L		C		I
			S		A	F	R	E	S	H		T
L	O	S	E	I	T			W				E
A			A		T			H				O
P			T	R	E	B	L	E	C	L	E	F
A			R		R			A		O		P
R			A	M	O	R	E	T	T	O		A
O			C		F			B		N		S
T	E	N	T		F	O	U	R	E	Y	E	S
O			O		A			E		B		A
M	A	T	R	I	C	U	L	A	T	I	N	G
Y					T			D		N		E

N° 90

				D	E	C	E	R	T	I	F	Y
				O				E			R	
E	F	F	E	M	I	N	A	C	Y		E	
S		U		E		A		O			N	
C	H	R	I	S	O	M		M	U	L	C	T
A		R		T		E		M			H	
P	H	Y	S	I	O	T	H	E	R	A	P	Y
I				C		A		N			O	
N	O	S	T	A	L	G	I	C	A	L	L	Y
G		O		N		S		E			Y	
		R		I				D	I	D	N	T
P	Y	R	A	M	I	D	S		N		E	
A		O		A			U		D		S	
T		W	E	L	S	H	C	O	R	G	I	
E		S		S			K		I		A	

N° 91

S									R			
O		C	O	V	E	R	C	H	A	R	G	E
N		O			N		H		D		A	
I	N	D	I	S	C	R	E	T	I	O	N	
N		L			A		A		O		G	
L		I			M		P		T	A	W	S
A		V	A	M	P		J		E		A	
W		E		E		P	A	R	L	A	Y	S
		R		L			C		E		S	
	P	O	W	D	E	R	K	E	G			
		I		S		E			R	O	M	P
D	U	L	Y			D			A		E	
A				I	C	E	C	A	P		D	
G						E			H		I	
O		O	G	H	A	M			Y	U	C	K

N° 92

				W				C	H	A	N	T
B	A	S	T	I	N	A	D	O		L		R
R		A		L				Q	U	O	T	A
E		N		D				U		E		N
A	L	T	O	G	E	T	H	E	R			S
K		O		O		A		T				G
W	E	D	L	O	C	K		T	A	T	A	R
A		O		S		E		E		U		E
T	I	M	E	E	X	P	O	S	U	R	E	S
E		I		C		A				B		S
R	U	N	S	H	O	R	T			I		I
		G		A		T		P	E	D	R	O
S	N	O	B	S				H		I		N
				E	M	A	C	I	A	T	E	S
	C	U	P	S				Z		Y		

N° 93

S	G	R	A	F	F	I	T	I		O		
P		E		L				N	O	U	N	S
I		C		E				D		T		
F		O	V	E	R	W	R	I	T	T	E	N
F		M		I		I		R		H		I
Y		M	I	N	I	S	T	E	R	I	N	G
		E		G		E		C		N		H
B	O	N	E		B	A	R	T	O	K		T
U		D				C		O				R
T		A	I	R	E	R		B				I
T		T		O		E		J	O	Y	E	D
P	R	I	M	P				E		A		E
A		O		E		P	A	C	E	C	A	R
C		N		I				T		K		
K		S	Y	N	T	H	E	S	I	S	E	

N° 94

S		P		W	H	I	T	E	C	A	P	S
O		E		H		N					L	
P	A	T	R	I	A	R	C	H	A	T	E	S
H		U		R		U		I			A	
I		N		L	Y	S	O	L			S	
S	P	I	C	Y		H		B	O	S	U	N
T		A		B				E			R	
I			G	I	N	G	E	R	S	N	A	P
C				R		U		T			B	
	C	U	E	D		I					L	
	Z			S	A	N	D	P	I	L	E	
H	A	J	J			N		L			N	
	R		A			E	R	U	P	T	E	D
			I			S		C			S	
			N	E	T	S	U	K	E		S	

N° 95

C	U	B	E	B		B	I	S	T	R	O	
O		E		U					E		P	
O		R	E	T	I	R	E	M	E	N	T	S
K		G		E		H			T		I	
			M	O	N	A	R	C	H	I	C	
S	H	A	Y			P		A			A	
H			A	U	K	S		L	O	L	L	Y
O			S			O		L			I	
W	H	I	T	E	A	D	M	I	R	A	L	
T			H			I		N			L	
R	O	B	E	R	T	S		G	Y	R	U	S
I			N			I		C			S	
A	G	A	I	N	A	N	D	A	G	A	I	N
L			A			G		R			O	
								D	R	U	N	K

N° 96

M	O	L	O	C	H		S	P	I	V		B
				A			P			A		I
			D	R	Y	C	L	E	A	N	E	R
V				O			I			I		T
A	S	W	E	L	L		T			L		H
C		H			I	M	P	E	L	L	E	D
U		I			M		E			A		A
U		S			P	L	A	G	U	I	L	Y
M		T			L			A		C		S
P	O	L	I	C	Y	H	O	L	D	E	R	
U		E		U		A		L		C		
M	A	S	E	R		L		U		R		
P		T		A	D	V	I	S	E	E		
		O		C		A				A		
		P	S	Y	C	H	O	P	O	M	P	

N° 97

	C		P	A	N	O	R	A	M	A	S	
	O		L				A		A		A	
	R	H	A	P	S	O	D	I	Z	I	N	G
	R		C		E		I		E		N	
L	I	C	E	N	T	I	O	U	S	L	Y	
	G		O		F		T				A	
	E		F	L	O	W	E	R	I	E	S	T
	N		B		R		L		N		I	
A	D	J	U	S	T	M	E	N	T			
	U		S		H		G		A	X	E	D
	M		I				R		K		N	
B			N	O	G	O	A	R	E	A	S	
E			E		O		P		S		U	
C	O	P	S		G		H				R	
K			S	C	O	W	S		F	E	E	L

N° 98

D			A	P	N	E	I	C		H		
O						L		H		U		
W	A	R	M	T	H	E	B	E	N	C	H	
N		O		R		C		R		K		
A	T	T	R	A	C	T	I	V	E	L	Y	
T		A		N		R		I		E		
H		R		S	P	O	I	L	A	B	L	E
E	Y	I	N	G		P		S		E		M
E		A		R		H				R		P
L	A	N	C	E	C	O	R	P	O	R	A	L
				S		R		L		Y		O
P	A	C	E	S		E		A		F		Y
O		R		I	N	T	A	G	L	I	O	S
T		A		N		I		A		N		
S		M	E	G	A	C	O	L	O	N		

N° 99

F	L	O	W						F		P	
I				A	N	A	T	O	L	I	A	
R	A	D	I	I			H		I		R	
T				D			E		B		A	
H	O	Y	L	E		C	A	R	B	I	D	E
		O				O			E		I	
H	U	M	M	I	N	G	B	I	R	D	S	
A		K		M		N			T		A	
W	H	I	P	P	O	O	R	W	I	L	L	S
T		P		A		S			G			P
H	Y	P	O	C	Y	C	L	O	I	D		U
O		U		T		E			B			R
R		R	E	I	G	N			B			
N				N		T			E			
E				G	R	I	T	S	T	O	N	E

N° 100

N	O	N	A	G	G	R	E	S	S	I	O	N
	N		L			H		U			B	
	T	U	P	E	L	O		B			J	
	H		H			D	E	J	U	R	E	
	E	L	A	P	S	E		A			C	
	G		B			S		C	O	O	T	S
S	O	L	E	M	N	I	Z	E			I	
C			T			A		N	I	F	F	Y
U	P	R	I	S	E	N		T			I	
M			C		F		L		A		C	
					F		A		S		A	
	B	Y	A	L	O	N	G	S	H	O	T	
	A		G		F		E		C		I	
	N		I		F	A	R	R	A	G	O	
	K	I	N	E			S		N		N	

Mindfulness

X	S	M	Z	T	E	C	N	A	T	P	E	C	C	A	Q	S	Y	X	X
U	I	W	R	K	W	Y	T	I	M	I	N	A	U	Q	E	A	E	E	U
B	R	E	A	T	H	N	Z	W	L	S	E	R	E	N	I	T	Y	D	R
H	D	U	V	E	Q	Q	N	O	I	T	C	E	N	N	O	C	K	U	E
Y	H	F	S	J	V	S	I	L	E	N	C	E	O	J	Y	E	L	T	E
B	D	R	O	D	T	Q	L	Y	A	C	B	L	C	T	T	Z	Z	I	U
G	N	Z	H	C	Y	N	G	N	U	A	R	Q	I	N	N	A	T	T	T
H	D	F	A	P	U	L	A	C	Y	Y	Q	R	D	E	E	S	H	A	K
V	A	O	G	J	H	S	D	V	F	R	A	H	B	C	M	A	G	R	X
R	W	U	M	M	Y	W	U	S	R	L	P	H	M	P	G	O	I	G	B
N	A	B	E	W	L	O	P	E	C	E	S	Z	W	R	D	O	S	Z	R
N	R	C	D	B	Y	A	V	S	S	H	S	S	Q	E	U	J	N	V	H
A	E	L	I	A	X	A	C	N	O	P	O	B	I	S	J	V	I	J	Q
M	N	Z	T	L	C	H	L	E	N	J	C	R	O	E	N	I	R	H	B
P	E	P	A	A	C	M	E	S	K	L	I	E	U	N	O	T	Q	C	O
O	S	R	T	N	N	R	X	N	T	T	W	S	U	T	N	L	Z	J	X
G	S	L	I	C	H	G	B	Y	C	T	H	U	S	M	V	Y	B	R	D
L	D	H	O	E	J	M	I	W	B	Q	N	A	D	V	K	Q	G	A	F
P	G	L	N	Y	G	L	P	L	F	L	S	P	N	N	V	U	U	J	H
S	S	E	N	L	L	I	T	S	J	X	J	T	O	S	T	D	K	Z	R

ACCEPTANCE
AWARENESS
BALANCE
BREATH
CALM
CLARITY
CONNECTION
EQUANIMITY
FOCUS
GRATITUDE
INSIGHT
MEDITATION
NON-JUDGMENT
OBSERVANT
PAUSE
PRESENT
SENSES
SERENITY
SILENCE
STILLNESS

Self-Care

H	I	N	F	I	O	Z	W	H	N	Q	M	O	E	X	Z	U	V	Z	R
C	N	H	O	T	D	Q	V	O	J	H	Y	K	V	C	O	S	R	B	E
B	G	F	S	I	O	E	I	H	N	S	E	M	U	B	A	G	P	A	V
Y	Q	E	V	D	T	T	V	Y	U	I	K	N	P	A	L	E	T	Y	I
Z	R	O	H	S	C	A	D	D	G	R	F	N	A	L	J	Q	P	F	T
Z	M	M	M	E	S	N	X	F	W	U	L	F	H	A	J	A	O	G	A
M	G	K	L	T	R	E	Y	A	Y	O	F	R	R	N	L	H	R	H	L
J	A	F	A	E	W	V	K	A	L	N	G	N	J	C	A	A	X	A	I
Z	E	R	R	T	M	U	Q	B	X	E	N	N	A	E	T	S	S	P	Z
R	B	Y	S	B	Q	J	I	E	U	Y	R	S	I	I	E	S	W	P	E
H	P	S	S	C	B	E	B	D	N	F	R	N	T	L	E	L	V	I	X
R	X	G	E	J	I	R	G	N	W	V	V	U	F	N	A	R	D	N	Q
Q	C	N	N	R	K	Q	P	Z	I	R	D	L	L	Y	Y	E	N	E	T
E	T	I	L	F	E	D	D	B	N	E	O	L	A	H	C	E	H	S	D
F	N	R	U	A	X	N	G	G	D	V	E	D	J	B	S	R	F	S	S
R	K	E	F	G	N	G	I	L	E	W	G	I	M	W	C	N	Y	U	E
X	V	P	D	N	R	Z	P	T	Y	W	I	W	T	V	G	T	O	A	T
F	I	M	N	L	Z	C	C	I	Y	D	B	I	V	C	J	B	J	Y	H
T	L	A	I	R	E	N	E	W	A	L	Z	C	G	T	K	S	F	P	J
C	T	P	M	L	J	K	I	H	Y	D	R	A	T	I	O	N	U	M	X

BALANCE
HAPPINESS
HYDRATION
MINDFULNESS
PAMPERING
REFLECTION
RELAXATION
REST
SELF-LOVE
UNWIND

GRATITUDE
HEALING
JOY
NOURISH
PEACE
REJUVENATE
RENEWAL
REVITALIZE
SERENITY
WELLNESS

Meditation

C	C	V	Z	U	P	Q	N	F	M	I	N	D	F	U	L	N	E	S	S
W	A	W	G	C	Z	S	J	A	M	V	C	F	N	D	H	W	M	A	Y
H	Y	X	L	D	E	E	A	A	S	J	E	X	L	S	I	G	A	D	P
M	X	Q	A	S	B	M	N	U	H	Q	V	F	P	M	C	E	P	J	Q
M	N	G	U	Y	G	T	K	G	A	X	G	D	R	J	C	Y	U	Z	T
L	O	M	T	E	R	I	F	X	S	P	Z	U	C	E	R	D	D	N	I
A	I	Y	I	A	M	U	O	Z	E	A	W	A	R	E	N	E	S	S	G
C	T	I	R	R	D	S	C	Y	S	E	R	E	N	I	T	Y	P	N	Z
I	A	N	I	Y	K	I	U	U	F	H	A	D	L	I	D	L	E	E	R
O	X	N	P	H	B	N	S	P	G	B	M	D	D	E	L	C	Y	Z	E
Q	A	E	S	F	T	U	T	Z	Z	H	B	S	R	O	N	R	X	C	F
B	L	R	T	I	N	P	E	B	T	H	T	E	J	E	T	M	A	E	N
C	E	P	N	B	Y	O	G	A	B	I	T	A	L	H	A	E	N	H	F
K	R	E	S	W	E	D	J	C	L	N	W	I	E	D	P	V	K	M	R
V	A	A	F	X	D	J	Z	L	E	J	S	L	A	R	L	G	W	X	U
H	G	C	E	I	H	E	N	C	E	X	C	U	T	Z	B	A	Z	J	N
Y	P	E	S	D	R	E	N	L	I	G	H	T	E	N	M	E	N	T	D
G	E	C	N	E	S	E	R	P	B	E	I	M	U	A	Z	B	P	L	L
I	T	W	L	S	N	O	I	T	A	L	P	M	E	T	N	O	C	N	V
O	Q	G	G	A	W	E	Y	T	I	L	I	U	Q	N	A	R	T	C	O

AWARENESS
CALM
CONTEMPLATION
FOCUS
MANTRA
PEACE
RELAXATION
SILENCE
STILLNESS
YOGA

BREATH
CENTERED
ENLIGHTENMENT
INNER PEACE
MINDFULNESS
PRESENCE
SERENITY
SPIRITUAL
TRANQUILITY
ZEN

Breathing Techniques

M	A	W	P	B	N	R	V	H	G	X	A	Q	K	N	N	R	R	I	V
N	D	E	O	M	Z	K	A	C	I	O	V	K	P	I	I	B	D	U	T
E	K	J	L	L	Y	L	M	M	I	D	E	G	Q	O	K	J	E	J	C
X	Q	K	W	A	S	G	E	C	A	W	D	M	J	P	B	T	L	I	B
H	K	Q	R	S	H	G	E	N	O	Y	K	N	E	M	A	I	Y	T	R
A	M	B	E	I	X	N	B	K	Y	D	A	E	D	N	Y	P	M	E	E
L	Q	K	S	G	K	X	I	E	M	C	D	N	R	V	F	W	L	B	A
E	X	U	O	H	H	Q	O	S	L	D	I	E	A	E	N	A	A	P	T
Z	P	V	N	F	G	Z	M	L	P	L	T	R	H	R	X	N	Q	C	H
T	L	M	A	I	T	Y	G	L	W	L	Y	X	C	I	P	K	K	O	H
O	H	W	N	A	I	F	H	M	A	L	S	M	N	U	U	H	G	N	O
L	L	J	T	Z	W	U	G	N	D	A	Y	G	E	W	L	R	F	T	L
C	L	E	A	N	S	I	N	G	B	L	R	O	Q	T	N	A	T	R	D
G	H	K	L	W	I	G	T	P	O	T	F	P	U	J	U	A	R	O	I
X	I	N	M	V	W	R	W	J	X	G	H	Y	A	H	Q	P	Y	L	N
G	F	T	F	W	M	Y	T	A	Q	Q	X	X	L	Z	J	A	Y	L	G
K	C	C	S	S	E	N	E	R	A	W	A	H	T	A	E	R	B	E	K
D	A	E	K	D	Z	B	A	B	W	V	Y	M	T	A	T	R	D	D	N
D	H	U	I	Y	A	J	J	U	L	V	X	H	S	R	Y	B	R	V	U
W	J	O	C	Z	R	C	I	T	A	M	G	A	R	H	P	A	I	D	F

ALTERNATE
BOX
BREATH-HOLDING
CLEANSING
DEEP
EQUAL
INHALE
RELAXING
SIGH
UJJAYI
BELLY
BREATH AWARENESS
CIRCULAR
CONTROLLED
DIAPHRAGMATIC
EXHALE
PRANAYAMA
RESONANT
SLOW

Relaxation Exercises

Q	Y	E	X	J	V	Y	V	W	T	K	S	O	L	U	Y	Y	N	Y	G
X	X	Q	E	R	G	N	I	H	C	T	E	R	T	S	T	O	O	T	R
L	O	L	S	E	V	I	T	A	R	O	T	S	E	R	I	V	J	I	N
E	Q	O	A	E	Q	L	B	G	A	W	I	L	E	S	N	P	Y	L	F
H	Y	G	E	E	H	C	W	Z	J	E	S	K	S	J	E	D	R	I	E
W	G	G	L	J	H	T	N	D	E	S	L	E	L	U	R	S	E	U	I
P	N	N	E	J	J	J	N	E	E	W	R	Z	B	B	E	J	G	Q	L
T	I	I	R	E	K	D	G	N	V	P	P	B	X	R	S	N	A	N	E
G	H	T	N	K	E	L	L	N	M	W	I	X	V	Y	A	Z	M	A	R
N	T	T	O	M	V	U	M	O	I	K	E	B	K	L	E	G	I	R	S
I	A	E	I	X	F	F	C	Z	Y	D	P	B	X	F	E	V	D	T	S
M	E	L	S	D	T	E	Q	R	G	E	N	H	W	L	T	N	E	S	E
L	R	O	N	W	D	C	G	G	K	M	N	I	Z	Z	L	A	D	T	R
A	B	I	E	L	U	F	E	C	A	E	P	X	W	B	C	C	I	D	T
C	M	E	T	R	N	C	Q	X	H	X	K	A	N	N	U	S	U	G	S
K	B	Y	A	A	V	Z	J	H	Y	B	N	G	Q	N	U	Y	G	G	K
Z	G	N	U	N	Q	K	H	H	R	U	R	O	U	Z	X	D	S	Y	Q
M	O	N	T	L	K	A	N	G	T	H	Z	Y	C	T	P	O	U	P	T
G	N	I	H	T	A	E	R	B	P	E	E	D	O	K	T	B	G	B	R
X	N	O	I	T	A	T	I	D	E	M	O	J	X	E	J	K	R	T	J

BODY SCAN
CALMING
DEEP BREATHING
LETTING GO
MINDFULNESS
RESTORATIVE
STRESS RELIEF
TENSION RELEASE
UNWINDING

BREATHING
DECOMPRESSION
GUIDED IMAGERY
MEDITATION
PEACEFUL
SERENITY
STRETCHING
TRANQUILITY
YOGA

Nature Therapy

M	U	F	V	Y	T	U	A	E	B	L	A	R	U	T	A	N	K	D	Z
Q	K	L	E	W	A	T	E	R	F	A	L	L	S	K	Y	T	S	Y	C
R	R	B	X	I	W	E	Q	R	Q	U	W	B	L	M	R	S	H	C	N
X	V	S	Y	D	M	V	N	N	I	I	W	Y	U	C	M	H	Q	A	Y
C	W	C	K	C	T	C	F	E	L	A	A	R	A	M	C	W	T	E	W
O	I	M	V	S	B	O	S	D	R	F	H	T	D	T	J	U	E	H	F
U	L	Q	S	B	R	L	F	Q	V	E	K	S	S	Y	R	X	T	G	S
C	D	I	P	E	F	L	Y	D	Q	N	S	W	E	E	I	E	N	A	A
F	L	G	S	E	O	S	D	R	I	B	E	W	S	R	N	G	E	X	D
M	I	T	C	W	S	A	Y	Z	G	C	S	O	J	G	F	K	G	S	B
X	F	V	E	O	X	W	D	T	A	N	U	T	M	T	F	B	Y	U	Z
J	E	R	Q	J	S	Z	E	E	I	N	I	G	E	U	B	R	F	R	L
K	S	E	Y	D	Z	R	P	I	D	L	N	K	P	S	E	U	H	B	S
L	M	Q	W	H	H	K	O	S	V	I	I	F	I	N	N	W	X	U	T
H	H	U	O	T	K	D	G	O	L	C	D	U	E	H	X	U	N	Q	E
O	O	X	R	A	H	T	X	A	D	H	I	E	Q	L	R	S	S	L	O
E	B	A	J	C	J	I	E	I	X	T	R	N	Q	N	H	S	I	K	T
S	E	E	C	Z	T	H	E	O	T	G	U	Q	E	I	A	Y	F	E	G
C	I	D	E	M	K	M	A	D	T	S	M	O	N	C	Z	R	V	D	E
H	Z	U	U	U	P	K	H	I	V	N	E	E	L	L	S	C	T	C	R

BIRDS
FOREST
GREENERY
HIKING
NATURE SOUNDS
PEACE
SERENE
SUNSHINE
TREES
WILDFLOWERS

EARTH
FRESH AIR
HEALING
NATURAL BEAUTY
OUTDOORS
SCENIC VIEWS
SUNSETS
TRANQUILITY
WATERFALLS
WILDLIFE

Yoga and Stretching

G	F	J	P	D	D	R	I	Q	M	X	H	M	D	K	Z	Z	F	Y	V
B	S	B	N	R	N	S	G	M	U	P	T	L	H	I	N	E	X	C	S
M	G	N	I	D	N	U	O	R	G	W	G	F	V	T	V	U	R	P	X
Y	F	W	L	N	B	D	C	S	C	U	N	E	O	V	K	G	B	F	Z
X	C	S	C	F	V	R	I	A	K	X	E	K	T	W	U	M	I	X	H
A	T	X	M	C	O	R	E	N	D	T	R	S	H	J	X	J	F	N	P
F	M	S	Q	H	T	C	B	A	A	M	T	W	R	S	C	X	M	I	Y
L	R	E	A	X	K	U	H	S	T	H	S	S	T	R	E	T	C	H	M
E	M	R	N	M	H	L	N	A	W	H	T	A	G	V	F	I	L	U	I
X	I	U	Z	T	A	T	I	B	I	J	I	A	P	N	A	L	M	B	N
I	N	T	I	X	S	Y	Y	M	N	X	E	N	H	N	L	T	O	D	D
B	O	S	S	N	L	A	A	L	A	Y	S	W	G	O	J	N	P	W	F
I	I	O	E	A	Z	H	V	N	M	I	T	K	T	I	R	E	D	Y	U
L	T	P	H	C	S	S	U	A	A	P	U	N	P	T	Y	M	T	L	L
I	A	O	F	K	N	A	S	C	S	R	G	H	I	A	V	N	U	I	N
T	T	V	G	Z	E	A	Y	O	T	A	P	W	G	X	Z	G	H	E	E
Y	I	Z	M	Y	V	A	L	N	E	D	N	H	C	A	J	I	T	O	S
J	D	N	U	X	A	W	K	A	I	G	L	A	O	L	Y	L	E	Z	S
F	E	U	Z	S	N	Z	X	V	B	V	D	B	H	E	A	A	Q	K	M
C	M	Q	W	P	G	T	V	Z	Y	Z	C	D	K	R	L	R	G	Y	H

ALIGNMENT
BALANCE
CORE
FLOW
HATHA
MINDFULNESS
POSTURES
RELAXATION
STRENGTH
VINYASA
ASANAS
BREATHING
FLEXIBILITY
GROUNDING
MEDITATION
NAMASTE
PRANAYAMA
SAVASANA
STRETCH
YIN

Positive Affirmations

E	M	V	D	Y	Q	Y	T	I	V	I	T	I	S	O	P	B	K	B	G
Y	D	R	M	Q	R	W	G	S	J	Q	I	Q	B	N	L	S	I	X	L
R	P	W	G	R	J	J	X	O	H	H	J	D	Q	D	G	B	E	U	U
J	R	O	P	Z	R	N	Y	B	I	Q	Q	P	R	K	E	E	I	N	H
W	A	H	H	L	Q	D	E	O	Q	V	V	R	B	L	Z	V	N	A	K
F	E	T	T	W	M	X	L	F	M	H	E	W	I	U	T	O	E	B	E
B	D	R	G	Q	R	J	C	M	E	S	K	E	H	R	F	L	M	U	I
Z	U	O	N	M	L	I	O	A	I	Q	F	T	A	V	G	B	P	N	S
Y	T	W	E	E	B	M	L	L	S	U	C	C	E	S	S	N	O	D	W
M	I	F	R	M	O	I	I	H	U	H	N	K	T	N	W	S	W	A	Z
E	T	L	T	P	N	E	C	D	A	A	T	Z	N	E	S	F	E	N	B
C	A	E	S	G	N	A	B	O	G	P	Z	N	G	R	A	S	R	C	U
A	R	S	P	C	C	J	W	G	N	D	P	A	N	Q	P	D	M	E	Y
E	G	T	E	M	H	U	G	F	U	F	R	I	C	B	O	W	E	Z	X
P	Y	C	N	G	C	J	I	R	M	U	I	E	N	R	U	D	N	G	Q
R	O	Q	Y	W	U	B	P	I	O	M	R	D	M	E	Q	O	T	G	F
E	O	Y	P	O	C	E	B	C	V	W	B	U	E	H	S	Z	Y	S	M
N	D	V	Q	A	N	U	N	Y	S	P	T	H	M	N	C	S	U	C	B
N	V	N	O	I	T	A	V	I	T	O	M	H	X	P	C	V	H	R	X
I	S	E	L	F	A	C	C	E	P	T	A	N	C	E	Q	E	J	F	V

ABUNDANCE
CONFIDENCE
EMPOWERMENT
GROWTH
HEALING
JOY
MOTIVATION
RESILIENCE
SELF-WORTH
SUCCESS

BELIEF
COURAGE
GRATITUDE
HAPPINESS
INNER PEACE
LOVE
POSITIVITY
SELF-ACCEPTANCE
STRENGTH

Journaling

Z	V	H	I	X	T	H	O	U	G	H	T	S	I	D	M	A	K	U	Z
Z	R	E	F	L	E	C	T	I	O	N	I	N	C	O	C	J	H	F	G
P	N	O	I	S	S	E	R	P	X	E	T	S	G	H	I	O	J	R	R
H	E	A	L	I	N	G	A	F	J	R	Q	I	R	U	G	Y	R	H	A
S	V	Z	D	G	T	I	P	V	O	O	D	E	O	H	T	W	K	O	T
T	C	V	Q	Y	I	K	J	S	I	H	T	Z	G	V	N	G	N	L	I
H	I	R	F	T	M	S	P	Y	E	X	X	T	N	Y	H	O	G	W	T
G	N	C	E	X	N	E	T	B	A	X	N	W	I	A	C	M	C	G	U
U	Q	O	L	A	C	Q	M	P	H	E	O	S	L	N	A	X	N	B	D
O	E	Y	I	T	T	S	D	O	M	W	Q	V	L	S	G	Z	K	S	E
H	X	S	I	T	X	I	G	Y	R	O	Q	O	E	F	K	V	E	F	G
T	D	O	E	H	A	N	V	J	I	I	R	Y	T	D	I	A	R	Y	B
R	N	M	D	A	I	R	P	I	Z	O	E	P	Y	Y	H	F	U	M	X
E	L	C	Q	T	M	I	I	T	T	E	V	S	R	T	Z	B	X	R	F
N	Z	Z	I	B	D	W	H	P	Q	Y	Q	I	O	I	J	C	P	G	I
N	Z	R	A	E	A	M	Q	P	S	I	W	R	T	R	R	I	U	M	E
I	W	B	R	E	L	E	A	S	E	N	D	A	S	A	M	V	G	R	P
Y	A	H	W	Y	R	E	V	O	C	S	I	D	F	L	E	S	B	V	H
H	T	W	O	R	G	L	A	N	O	S	R	E	P	C	P	X	J	Y	C
S	N	O	I	T	O	M	E	F	I	P	G	I	F	O	R	P	R	R	R

CLARITY
DIARY
EXPRESSION
HEALING
INSPIRATION
JOTTING
PERSONAL GROWTH
REFLECTION
SELF-DISCOVERY
THOUGHTS
CREATIVITY
EMOTIONS
GRATITUDE
INNER THOUGHTS
INTROSPECTION
MEMORIES
PROMPTS
RELEASE
STORYTELLING
WRITING

Gratitude Practice

R	L	G	L	S	S	S	E	N	I	P	P	A	H	P	Y	X	E	D	P
L	H	V	S	Q	D	D	W	O	S	P	E	I	B	G	N	S	M	X	W
P	J	C	W	X	C	D	A	T	Z	S	Z	Y	V	O	E	D	Q	D	C
O	N	D	N	P	T	L	Q	D	R	H	E	Y	N	R	B	X	X	N	K
W	Y	T	I	V	I	T	I	S	O	P	W	N	E	O	D	I	N	R	U
M	M	I	N	D	F	U	L	N	E	S	S	N	D	Q	M	W	Y	L	B
G	T	C	U	N	Q	E	A	A	N	Y	I	B	Q	N	J	R	R	J	V
E	E	S	Q	C	B	C	G	J	N	T	U	W	M	L	I	U	A	M	L
C	C	F	G	D	D	A	O	N	Y	F	A	F	N	Y	N	K	M	H	C
O	A	N	R	N	H	R	Y	N	O	I	T	C	E	L	F	E	R	O	D
N	E	J	A	M	I	G	U	Q	O	E	C	N	N	K	N	Q	N	Y	A
T	P	V	X	D	S	S	A	W	C	L	G	O	M	D	L	N	T	E	A
E	E	W	M	P	N	K	S	N	W	W	B	Y	N	U	E	I	H	H	O
N	G	R	H	H	L	U	E	E	H	L	W	T	F	C	S	Z	I	K	S
T	Y	M	F	W	Y	I	B	P	L	Y	P	K	T	O	D	J	O	Y	X
M	O	R	E	P	L	N	L	A	A	B	N	I	R	G	F	C	Y	G	W
E	D	Q	P	I	O	O	I	C	W	A	O	E	O	U	E	W	U	L	S
N	D	F	S	Z	I	D	Q	G	H	N	N	Q	P	I	Y	P	I	D	H
T	Z	E	P	T	B	M	R	T	H	E	U	D	E	N	N	F	B	E	U
H	R	N	A	S	O	B	Q	W	G	I	L	K	N	W	J	R	R	E	C

ABUNDANCE
CONNECTION
GENEROSITY
HAPPINESS
JOY
MINDFULNESS
POSITIVITY
RESILIENCE
THANKFUL

BLESSINGS
CONTENTMENT
GRACE
HARMONY
KINDNESS
PEACE
REFLECTION
SERENITY

Aromatherapy

N	T	S	T	J	S	L	I	O	L	A	I	T	N	E	S	S	E	V	C
F	K	Y	I	I	H	D	E	I	E	N	I	M	S	A	J	J	M	C	G
J	C	F	S	S	U	T	P	Y	L	A	C	U	E	W	K	R	R	V	N
Z	E	L	I	M	O	M	A	H	C	C	N	U	Z	S	H	E	I	S	A
G	S	U	I	W	Z	L	D	G	E	S	M	Z	U	T	W	D	O	P	L
H	S	C	J	Z	R	M	M	D	U	F	U	R	U	W	J	N	S	E	Y
C	P	A	M	R	C	E	A	U	R	X	T	N	C	Y	K	E	L	P	G
B	A	B	N	R	I	R	S	A	I	I	I	L	L	R	T	V	V	P	N
T	T	Z	Y	D	W	Y	G	N	C	N	A	P	G	W	R	A	C	E	A
S	C	Y	Z	O	A	R	T	I	E	R	A	C	D	Z	N	L	D	R	L
S	H	J	O	Q	A	L	J	E	Y	C	V	R	S	X	O	A	W	M	Y
A	O	D	I	N	Y	X	W	S	A	I	N	F	E	T	I	H	T	I	Q
R	U	B	C	I	H	F	A	O	D	T	F	I	P	G	T	T	D	N	Q
G	L	E	Q	F	F	G	X	N	O	O	R	T	K	U	A	B	R	T	S
N	I	K	A	Q	E	R	D	W	M	D	N	E	N	N	X	J	L	Y	M
O	D	K	K	V	S	E	Q	C	O	S	N	F	E	C	A	R	O	T	M
M	T	P	B	E	R	G	A	M	O	T	U	V	D	Q	L	R	L	C	Y
E	L	B	W	H	D	T	R	O	S	E	M	A	R	Y	E	Z	F	D	M
L	L	X	D	C	P	S	E	F	L	R	X	N	A	I	R	D	L	L	W
J	Q	V	X	S	U	W	T	O	O	N	U	S	A	M	Y	L	R	D	X

BERGAMOT
CHAMOMILE
CLARY SAGE
EUCALYPTUS
FRANKINCENSE
JASMINE
LEMONGRASS
PEPPERMINT
ROSEMARY
TEA TREE

CEDARWOOD
CITRUS
ESSENTIAL OILS
FRAGRANCE
GERANIUM
LAVENDER
PATCHOULI
RELAXATION
SANDALWOOD
YLANG-YLANG

Creative Expression

Q	S	O	B	M	B	S	T	O	R	Y	T	E	L	L	I	N	G	F	M
D	A	J	L	S	N	V	I	K	A	G	S	I	N	G	I	N	G	M	J
O	Y	Q	M	C	Y	I	A	X	R	S	I	C	E	Q	V	T	L	Z	W
N	R	W	C	U	A	W	U	Z	O	P	E	T	G	S	F	I	G	W	P
S	E	W	G	L	A	P	Q	D	L	O	G	K	C	A	F	N	N	H	J
E	T	C	N	P	L	R	G	E	X	E	Z	B	V	T	I	G	O	P	C
W	T	A	I	T	F	E	V	K	E	T	U	C	O	W	L	T	T	J	G
F	O	G	T	U	J	T	A	R	T	R	O	L	A	A	O	X	G	J	Y
M	P	L	N	R	S	A	A	V	Y	Y	K	R	C	G	V	N	J	U	N
L	B	G	I	E	G	E	T	C	P	C	D	T	R	X	I	E	P	O	A
A	A	H	A	W	V	H	M	K	Z	N	I	A	E	T	N	G	I	S	E
S	N	D	P	I	O	T	C	X	B	N	P	N	I	G	R	T	G	Y	R
A	D	A	H	Q	P	I	L	L	G	H	O	R	P	N	A	J	W	T	B
U	E	B	K	J	S	H	C	S	Y	I	W	J	G	N	F	L	Y	A	T
C	D	F	T	U	Z	D	D	N	H	U	I	I	I	L	R	T	L	S	N
L	E	D	M	I	A	O	H	S	N	W	S	G	D	E	Z	J	F	O	Y
W	S	B	A	N	Z	G	A	C	C	E	A	T	P	E	V	S	Q	B	C
D	Y	A	C	L	F	F	D	L	D	M	E	I	S	T	F	A	R	C	D
I	F	E	T	O	E	E	R	T	I	O	F	P	B	J	Z	E	D	V	K
Y	N	Y	J	V	Y	R	O	Z	P	N	I	W	M	D	C	F	R	W	H

ACTING
COLLAGE
DANCE
DRAWING
FILM
MUSIC
PHOTOGRAPHY
POTTERY
SINGING
THEATER
ART
CRAFTS
DESIGN
FASHION
IMAGINATION
PAINTING
POETRY
SCULPTURE
STORYTELLING
WRITING

Calming Music

J	C	T	R	A	N	Q	U	I	L	I	T	Y	H	Z	P	Z	X	C	K
N	Q	T	D	Z	L	U	L	L	A	B	Y	V	A	J	F	H	S	P	L
R	S	S	X	M	X	B	M	F	P	A	C	S	P	E	P	F	I	A	X
R	S	E	N	R	M	B	L	I	S	S	M	P	T	H	X	S	T	R	W
P	D	M	B	R	E	J	H	A	A	Y	H	B	J	X	N	P	N	G	T
Q	N	I	K	Y	L	W	Z	P	P	U	C	E	I	Y	R	P	I	N	U
Z	U	H	Q	J	O	Z	E	N	K	D	F	L	C	E	Y	C	N	I	W
U	O	C	Q	K	D	Y	N	O	M	R	A	H	W	L	N	X	S	H	F
E	S	Z	N	L	Y	A	W	C	D	F	U	O	B	O	I	T	T	T	L
M	E	F	U	S	C	X	A	O	E	U	N	X	R	I	L	F	R	O	G
Y	R	R	O	W	F	L	A	J	L	G	I	X	B	H	H	K	U	O	Q
Z	U	F	O	Q	M	Q	V	Z	S	L	N	X	P	R	Q	Q	M	S	E
P	T	K	S	N	X	G	E	N	T	L	E	I	W	Y	G	I	E	R	L
G	A	V	E	A	T	J	W	M	Z	F	X	M	L	R	O	Y	N	X	M
M	N	S	Q	E	R	I	T	Z	J	W	J	F	X	A	R	J	T	V	H
W	S	T	R	E	L	A	X	A	T	I	O	N	G	S	E	R	A	X	Q
H	B	C	G	P	K	G	K	Q	U	U	R	N	T	P	M	H	L	T	U
Z	R	N	D	K	W	X	E	S	E	R	E	N	I	T	Y	N	Z	U	W
C	R	X	T	J	A	W	E	T	T	L	U	F	E	C	A	E	P	Y	C
P	Z	F	O	K	E	N	O	I	T	A	T	I	D	E	M	E	M	G	N

AMBIENT
CALMNESS
GENTLE
HEALING
LULLABY
MELLOW
NATURE SOUNDS
RELAXATION
SOFT
TRANQUILITY

BLISS
CHIMES
HARMONY
INSTRUMENTAL
MEDITATION
MELODY
PEACEFUL
SERENITY
SOOTHING
ZEN

Sensory Relaxation

J	E	U	J	W	I	C	A	L	M	N	E	S	S	V	S	Q	I	F	C
A	L	P	Y	D	V	E	G	V	M	I	I	C	S	T	R	J	A	E	F
R	B	I	A	N	E	H	Z	M	O	E	A	A	F	O	X	X	R	Z	X
O	M	E	K	C	X	G	D	I	G	J	U	T	E	C	F	U	Y	J	D
M	S	P	N	P	S	H	A	D	B	E	X	A	X	P	T	T	B	I	P
A	B	Q	P	J	K	D	H	S	U	I	B	D	J	X	J	O	Y	A	G
T	L	C	J	B	H	H	N	N	S	X	Q	E	E	X	C	L	F	Z	Z
H	F	E	A	T	H	E	R	U	B	A	R	T	O	L	T	R	P	D	P
E	X	G	Y	W	Q	H	I	A	O	B	M	N	B	L	I	F	I	N	A
R	X	G	I	X	C	L	M	S	A	S	R	E	N	A	K	T	I	U	L
A	M	S	E	S	O	O	T	H	I	N	G	C	X	V	W	V	C	T	U
P	M	S	O	Y	S	K	T	E	O	X	E	S	G	E	A	J	I	A	I
Y	E	G	J	U	I	Y	J	S	R	E	N	I	P	N	R	D	D	S	T
L	L	Z	V	E	N	E	R	E	S	E	T	I	J	D	M	K	E	H	J
D	T	A	Y	T	I	N	E	R	E	S	L	T	V	E	D	L	P	N	W
M	I	J	I	D	N	S	U	V	E	A	E	V	B	R	D	E	R	Y	M
I	N	T	R	A	N	Q	U	I	L	I	T	Y	W	N	Q	T	U	X	P
W	G	A	S	U	N	J	L	I	X	T	H	Z	A	Y	X	Q	T	H	J
D	R	T	N	P	G	W	O	L	L	E	M	C	U	Q	F	J	O	N	A
N	F	A	M	W	P	E	I	Q	O	T	P	T	D	U	W	W	A	W	K

AROMATHERAPY
CANDLES
FEATHER
LAVENDER
MELLOW
SCENTED
SERENITY
SOOTHING
TACTILE
TRANQUILITY

CALMNESS
DIM
GENTLE
MASSAGE
MELTING
SERENE
SOFT
SOUNDSCAPE
TEXTURE
WARM

Stress Management

F	N	Y	U	D	O	K	D	Y	P	Y	G	F	H	I	H	G	X	E	H
H	R	S	E	I	R	A	D	N	U	O	B	N	D	O	R	P	V	C	U
E	N	O	I	T	A	T	I	D	E	M	M	B	I	S	U	F	V	A	T
J	Z	R	W	K	M	T	L	G	S	F	P	S	A	P	X	C	A	R	A
S	K	Z	F	H	J	E	R	C	M	J	P	L	V	L	O	X	D	F	R
E	J	Z	S	Z	K	A	V	O	A	M	B	R	U	G	A	C	I	O	E
D	P	A	N	Q	T	Y	Z	Z	T	L	Q	V	E	F	V	N	T	F	S
U	P	E	M	I	O	V	W	S	O	P	M	Q	K	Q	D	U	C	L	I
A	R	B	T	R	X	E	A	E	A	Z	G	N	V	E	N	X	U	E	L
N	J	U	M	C	P	E	D	W	T	R	J	G	E	C	Q	C	W	T	I
W	D	B	J	S	E	S	I	C	R	E	X	E	P	S	S	T	Y	I	E
E	G	N	I	V	L	O	S	M	E	L	B	O	R	P	S	Z	M	R	N
A	W	O	W	Z	S	N	O	I	T	A	X	A	L	E	R	N	S	M	C
C	T	Z	V	J	U	H	E	A	L	T	H	Y	H	A	B	I	T	S	E
F	Q	T	I	S	X	P	W	S	Q	S	U	P	P	O	R	T	V	A	Y
S	Z	K	T	N	O	I	T	A	Z	I	T	I	R	O	I	R	P	B	C
Z	K	T	I	M	E	M	A	N	A	G	E	M	E	N	T	X	K	T	S
V	O	O	Z	E	M	K	U	M	K	U	G	N	I	H	T	A	E	R	B
V	F	N	R	K	G	S	O	N	E	R	A	C	F	L	E	S	R	O	Z
X	W	B	G	H	Y	C	U	M	I	N	D	F	U	L	N	E	S	S	T

BALANCE
BREATHING
COPING
GRATITUDE
MEDITATION
PRIORITIZATION
RELAXATION
SELF-CARE
TIME MANAGEMENT
BOUNDARIES
CALMNESS
EXERCISE
HEALTHY HABITS
MINDFULNESS
PROBLEM-SOLVING
RESILIENCE
SUPPORT

Sleep Hygiene

T	G	Y	Q	B	E	Y	L	S	L	X	V	J	E	I	O	D	J	O	M
B	G	I	C	O	Z	N	O	S	L	I	P	N	R	E	S	T	F	U	L
W	C	E	W	Y	C	O	D	R	F	E	T	C	M	Q	U	H	K	T	I
N	D	L	C	G	I	I	H	J	I	B	E	T	H	B	S	J	O	H	C
E	T	O	D	E	Z	T	X	A	C	O	V	P	N	L	H	A	U	E	K
E	X	N	D	V	T	A	E	P	V	W	F	L	A	S	M	Q	I	A	W
R	T	Q	Q	L	T	X	G	X	Z	O	O	O	R	I	S	U	Y	L	R
F	Y	N	H	B	P	A	C	Q	R	D	I	E	E	L	D	T	B	T	P
Y	U	A	J	G	L	L	B	M	Y	E	D	D	E	K	I	S	S	H	G
G	U	N	U	U	O	E	G	G	N	R	B	E	N	L	S	M	Z	Y	S
O	U	Z	W	W	E	R	F	I	O	E	P	G	A	A	N	H	F	D	U
L	G	O	R	I	Y	Y	T	S	L	S	M	U	F	F	P	E	O	I	U
O	K	Q	W	F	N	U	I	J	C	V	Q	I	W	A	T	P	Q	E	F
N	W	W	N	A	O	D	R	H	M	P	V	L	T	M	G	F	I	T	G
H	X	T	Y	R	P	X	E	U	E	M	I	D	F	D	T	M	C	N	G
C	Q	R	K	E	F	D	D	E	U	P	U	R	N	D	E	T	L	B	G
E	O	F	E	T	U	X	L	K	M	Q	X	W	C	T	X	B	V	S	A
T	C	L	F	L	I	S	R	U	O	O	P	D	Y	E	E	Z	A	F	B
B	S	E	E	Q	F	S	L	A	U	T	I	R	E	M	I	T	D	E	B
S	S	L	I	M	I	T	C	A	F	F	E	I	N	E	I	K	A	H	M

- AVOID NAPPING
- BEDTIME RITUALS
- LIMIT CAFFEINE
- RESTFUL
- SLEEP AIDS
- SLEEP QUALITY
- TECHNOLOGY-FREE
- BEDTIME
- HEALTHY DIET
- RELAXATION
- ROUTINE
- SLEEP DISORDERS
- SLEEP SCHEDULE
- UNWIND

Healthy Lifestyle Habits

J	D	W	Z	P	H	Y	S	I	C	A	L	A	C	T	I	V	I	T	Y
K	V	S	T	E	I	D	D	E	C	N	A	L	A	B	J	R	H	G	H
M	O	D	E	R	A	T	I	O	N	D	N	U	T	R	I	T	I	O	N
R	S	O	S	E	L	F	D	I	S	C	I	P	L	I	N	E	M	C	Z
N	S	E	B	L	Q	E	H	Y	D	R	A	T	I	O	N	B	E	L	H
G	E	F	L	C	D	Y	R	R	R	O	U	T	I	N	E	Q	P	C	T
M	N	E	H	F	J	J	G	D	G	V	M	J	F	O	T	C	C	A	E
I	E	M	H	S	C	V	W	L	Q	D	S	Z	Y	Q	L	N	U	V	S
N	R	T	A	Z	S	A	W	S	S	E	N	T	I	F	A	R	E	A	D
D	A	H	R	W	G	E	R	N	P	X	K	N	A	Q	M	B	S	F	N
F	W	B	R	Y	J	Q	N	E	O	E	F	P	T	M	R	C	I	H	I
U	A	V	E	U	P	J	H	L	W	I	E	K	P	T	C	B	C	V	M
L	H	N	L	G	L	M	N	O	L	H	T	L	D	S	N	G	R	O	E
N	T	F	A	E	E	P	H	H	K	E	Z	A	S	C	S	J	E	W	V
E	L	S	X	N	K	K	B	A	Z	T	W	T	T	U	I	S	X	O	I
S	A	Z	A	Q	R	A	Y	Z	G	E	Z	E	Q	I	C	N	E	B	T
S	E	M	T	Q	A	U	L	U	H	Q	I	R	B	E	D	F	W	H	I
E	H	A	I	T	N	E	M	E	G	A	N	A	M	S	S	E	R	T	S
I	H	D	O	H	H	T	L	A	E	H	L	A	T	N	E	M	M	J	O
U	F	D	N	I	F	B	V	S	M	O	I	W	E	P	I	T	F	E	P

BALANCED DIET
FITNESS
HYDRATION
MENTAL HEALTH
MODERATION
PHYSICAL ACTIVITY
RELAXATION
SELF-CARE
SLEEP
WELLNESS

EXERCISE
HEALTH AWARENESS
MEDITATION
MINDFULNESS
NUTRITION
POSITIVE MINDSET
ROUTINE
SELF-DISCIPLINE
STRESS MANAGEMENT

Social Support

Y	H	F	R	N	H	O	G	X	U	G	T	U	T	H	L	W	H	Z	U
S	L	G	T	F	R	I	E	N	D	S	H	I	P	S	V	A	D	N	F
E	V	B	N	S	U	Y	H	T	A	P	M	E	R	O	U	N	B	P	J
C	C	O	L	L	A	B	O	R	A	T	I	O	N	G	J	R	I	U	V
N	C	O	M	M	U	N	I	C	A	T	I	O	N	U	X	H	T	N	A
E	R	Y	U	L	X	E	U	A	X	J	N	V	N	G	S	G	U	N	L
I	E	T	G	N	I	N	E	T	S	I	L	D	G	N	Y	R	O	G	I
R	L	I	H	F	V	Z	I	Z	A	C	E	B	O	O	T	I	N	T	D
E	A	N	F	S	P	Q	N	E	K	R	G	I	F	U	S	I	J	N	A
P	T	U	D	X	H	A	F	I	S	O	N	L	R	U	G	V	A	E	T
X	I	M	O	V	C	V	N	T	E	A	D	I	L	N	D	C	Y	M	I
E	O	M	M	V	U	D	A	V	P	G	N	C	O	R	C	Y	R	E	O
D	N	O	L	K	N	N	I	M	N	G	N	L	R	E	M	Y	P	G	N
E	S	C	E	E	D	T	O	B	D	I	E	M	P	S	M	T	F	A	X
R	H	C	S	I	R	C	L	G	X	B	V	T	R	C	T	I	A	R	E
A	I	S	N	O	A	I	Y	L	C	Y	A	L	P	V	T	F	I	U	O
H	P	G	P	Y	U	J	I	N	L	N	E	Q	Z	F	G	I	W	O	M
S	S	P	A	W	G	I	T	T	C	Z	W	T	A	L	J	P	U	C	K
J	U	N	E	Q	H	V	R	E	P	Y	Q	Q	N	I	V	N	H	N	E
S	Y	Q	Z	I	C	O	N	N	E	C	T	I	O	N	O	W	N	E	Y

ACCEPTANCE
BELONGING
COLLABORATION
COMMUNICATION
COMMUNITY
COMPANIONSHIP
CONNECTION
EMPATHY
ENCOURAGEMENT
FRIENDSHIP
INCLUSION
KINDNESS
LISTENING
NURTURING
RELATIONSHIPS
SHARED EXPERIENCES
SUPPORTIVE
TRUST
UNDERSTANDING
VALIDATION

Building Resilience

S	G	R	O	W	T	H	M	I	N	D	S	E	T	B	B	B	C	A	H
F	A	I	N	N	E	R	S	T	R	E	N	G	T	H	R	O	C	U	W
S	A	P	T	S	N	F	F	C	A	D	H	H	K	T	E	C	C	J	S
S	Q	R	O	A	L	D	L	U	P	J	U	R	Z	Z	E	U	O	N	Q
E	G	O	P	G	W	G	E	M	E	G	O	O	F	P	G	A	P	K	T
N	M	B	T	V	S	W	X	C	X	G	V	M	T	I	D	B	I	A	T
L	E	L	I	Q	E	G	I	U	M	M	A	A	D	A	P	Y	N	Y	P
U	T	E	M	E	L	S	B	S	Q	I	N	R	P	F	P	Q	G	L	A
F	S	M	I	C	F	V	I	Q	T	C	N	T	U	O	C	N	S	E	W
E	Y	S	S	N	B	F	L	K	E	M	A	D	S	O	I	T	K	A	S
C	S	O	M	A	E	N	I	Z	D	B	C	I	F	M	C	G	I	R	Z
R	T	L	E	R	L	Q	T	V	I	N	T	K	O	U	F	A	L	N	L
U	R	V	D	E	I	E	Y	L	W	I	R	C	S	D	L	C	L	I	C
O	O	I	I	V	E	S	I	G	V	D	R	T	Y	Z	D	N	S	N	Y
S	P	N	C	E	F	T	C	I	F	E	R	D	D	B	N	J	E	G	G
E	P	G	Q	S	Y	E	T	M	V	E	V	C	X	F	E	P	S	S	E
R	U	A	V	R	Z	Y	K	O	N	Y	Y	S	I	H	L	H	G	O	S
I	S	M	F	E	W	W	H	G	I	Q	R	E	R	A	C	F	L	E	S
V	V	A	O	P	L	F	T	V	G	G	C	W	N	C	I	D	C	S	W
E	G	S	X	C	U	H	I	P	C	D	G	V	P	T	D	W	M	K	O

ACCEPTANCE
COPING SKILLS
FLEXIBILITY
INNER STRENGTH
MINDFULNESS
OVERCOMING
POSITIVITY
RESOURCEFULNESS
SELF-CARE
SUPPORT SYSTEM
ADAPTABILITY
COURAGE
GROWTH MINDSET
LEARNING
OPTIMISM
PERSEVERANCE
PROBLEM-SOLVING
SELF-BELIEF
STRENGTH

Cognitive Restructuring

W	E	M	P	O	W	E	R	M	E	N	T	D	Q	N	N	K	V	S	V
B	Q	V	F	V	G	N	I	G	N	E	L	L	A	H	C	M	E	D	R
F	B	N	G	I	G	N	I	V	L	O	S	M	E	L	B	O	R	P	X
X	I	Y	N	A	N	D	A	V	S	T	H	G	U	O	H	T	H	X	P
A	N	O	I	M	I	Q	Y	T	I	L	A	N	O	I	T	A	R	E	N
R	V	Z	T	G	M	T	E	S	D	N	I	M	H	T	W	O	R	G	O
I	F	Q	S	J	A	B	A	L	A	N	C	E	D	V	I	E	W	X	I
N	N	K	E	C	R	E	T	K	L	H	Y	J	D	D	R	O	I	P	T
H	O	H	T	N	F	L	L	K	L	A	T	F	L	E	S	X	N	D	C
X	B	I	Y	T	E	I	S	G	K	D	J	H	F	O	C	T	N	Q	E
T	Q	K	T	A	R	E	L	T	E	C	N	E	I	L	I	S	E	R	L
Z	O	U	I	A	Q	F	V	I	B	E	I	Z	B	O	V	Y	R	P	F
Z	T	D	L	M	U	S	L	D	C	T	M	R	W	L	M	T	D	B	E
I	C	N	A	R	O	L	N	E	F	C	M	T	R	K	I	J	I	U	R
H	K	O	E	Q	Y	P	A	S	J	I	T	M	R	O	U	G	A	S	F
U	O	N	R	A	R	R	E	V	N	K	T	D	N	P	P	I	L	S	L
R	K	S	O	U	W	U	E	D	E	B	B	P	M	L	E	G	O	T	E
K	Y	W	L	Z	E	I	S	J	Q	E	H	C	O	H	W	V	G	G	S
C	Q	O	B	Q	W	E	H	T	H	Z	R	H	O	D	D	L	U	H	P
J	Z	H	G	U	T	X	M	E	V	I	T	C	E	P	S	R	E	P	L

BALANCED VIEW
CHALLENGING
GROWTH MINDSET
MINDSET
PROBLEM-SOLVING
REALITY TESTING
REFRAMING
SELF-REFLECTION
THOUGHTS
BELIEFS
EMPOWERMENT
INNER DIALOGUE
PERSPECTIVE
RATIONALITY
REEVALUATION
RESILIENCE
SELF-TALK

Emotional Regulation

R	E	S	I	L	I	E	N	C	E	Q	X	P	H	Y	L	Q	K	M	V
T	X	D	I	S	V	Z	P	G	L	H	G	O	B	U	P	F	B	L	X
X	U	K	S	J	S	P	K	Y	N	W	V	N	I	I	C	Q	K	R	V
S	B	S	Q	S	Y	E	W	Y	U	I	H	E	I	E	Q	F	G	Q	Q
S	W	A	E	M	E	H	N	C	S	X	D	G	V	P	V	Y	A	M	R
E	N	C	L	L	Q	N	T	E	P	S	W	N	J	L	O	P	W	O	U
N	O	B	N	A	F	O	M	A	R	N	E	E	U	X	E	C	S	B	Z
E	I	W	C	G	N	C	C	L	P	A	D	N	U	O	N	J	O	V	W
R	T	F	O	Z	N	C	O	O	A	M	W	W	L	O	R	D	M	L	I
A	A	T	I	R	M	I	E	N	Z	C	E	A	I	U	M	G	J	W	S
W	L	N	B	M	E	V	H	Y	T	T	X	T	F	S	F	D	T	M	Y
A	U	P	I	R	O	G	B	T	T	R	A	B	N	L	A	D	J	F	S
L	G	W	I	N	E	Q	U	P	O	X	O	O	R	M	E	K	N	W	M
Y	E	S	Z	S	L	A	B	L	A	O	I	L	L	R	F	S	N	I	O
W	R	S	F	N	I	E	T	L	A	T	S	R	I	J	W	Q	C	Z	M
Q	F	S	O	G	P	O	E	H	O	T	F	F	J	V	B	M	U	U	J
T	L	H	H	E	H	R	Y	M	M	L	I	X	L	E	Z	Z	D	I	I
W	E	H	W	I	V	I	E	V	C	U	G	O	I	E	Z	B	N	D	G
U	S	H	W	Y	K	W	E	T	J	R	G	C	N	C	S	F	N	N	A
L	O	R	T	N	O	C	E	S	L	U	P	M	I	W	H	O	M	C	O

AWARENESS
BREATH
COPING
EMPATHY
IMPULSE CONTROL
REGULATION
RESILIENCE
SELF-CONTROL
SELF-SOOTHING
BALANCE
CALMNESS
EMOTIONS
GROUNDING
MINDFULNESS
RELAXATION
SELF-AWARENESS
SELF-REGULATION

Mind-Body Connection

U	N	O	I	T	C	E	N	N	O	C	A	U	V	H	B	I	G	L	B
B	C	E	N	J	O	J	G	N	I	E	B	L	L	E	W	F	K	R	W
S	G	S	X	Y	R	B	K	L	P	R	E	S	E	N	C	E	Y	O	A
L	S	Y	N	O	M	R	A	H	J	C	R	D	Y	F	Y	U	S	V	M
M	I	A	V	G	I	N	O	I	T	A	R	G	E	T	N	I	R	T	I
R	H	G	Y	A	Y	H	H	G	X	V	V	X	N	X	L	U	N	H	N
V	V	A	J	C	B	H	G	S	K	X	K	E	T	J	E	E	T	E	D
H	G	R	G	H	E	W	S	G	W	R	M	H	X	H	M	A	V	F	F
X	Y	R	B	A	J	E	L	C	E	N	O	D	M	I	E	X	Z	H	U
N	B	A	L	A	N	C	E	L	G	L	L	E	D	R	Z	Y	N	S	L
Q	Y	I	E	E	O	H	A	I	I	A	D	O	B	R	F	A	N	F	N
S	N	M	R	X	C	X	L	S	H	I	B	Z	N	D	Z	W	G	B	E
G	H	A	W	S	A	A	T	I	T	M	S	F	Z	A	C	Y	O	J	S
K	W	N	I	T	S	I	C	A	E	N	A	E	Y	H	B	Z	F	E	S
A	I	O	I	G	C	E	T	J	T	P	E	E	L	G	S	L	S	T	L
W	E	O	X	Z	C	I	N	Z	R	B	Q	J	I	F	R	I	C	X	I
A	N	W	P	U	O	C	Q	L	U	M	F	T	T	H	C	E	Q	K	R
G	U	I	B	N	M	X	W	H	L	I	T	E	G	O	Y	A	N	A	W
K	Z	E	C	N	E	I	L	I	S	E	R	C	O	M	V	D	R	E	V
A	A	X	C	W	I	L	O	T	D	K	W	A	S	M	J	V	P	E	H

ALIGNMENT
AWARENESS
BALANCE
BREATH
CONNECTION
EMBODIMENT
ENERGY
HARMONY
HEALING
HOLISTIC
INTEGRATION
MEDITATION
MINDFULNESS
PRESENCE
RELAXATION
RESILIENCE
SELF-CARE
WELL-BEING
WELLNESS
YOGA

Self-Compassion

V	U	U	G	E	E	C	D	P	S	S	E	N	T	F	O	S	G	C	U
Y	N	S	Q	C	G	V	L	Z	R	D	E	V	O	L	F	L	E	S	C
B	D	C	L	X	R	B	T	N	E	M	G	D	U	J	N	O	N	W	O
I	E	A	B	U	Z	U	W	D	K	A	G	N	M	K	O	Y	V	E	M
Q	R	I	H	U	U	W	P	I	M	D	Q	T	V	S	H	F	N	P	P
W	S	R	N	K	A	Q	N	W	M	Y	U	P	E	T	L	O	P	D	A
V	T	P	Z	E	Q	D	O	O	T	N	S	L	A	A	Q	F	K	T	S
L	A	O	Y	E	N	E	Z	U	U	C	F	P	E	P	E	G	E	E	S
U	N	P	F	E	V	I	C	R	U	A	M	V	Q	A	L	Y	Z	N	I
E	D	O	S	O	S	O	T	A	C	E	I	L	E	D	T	U	D	D	O
R	I	S	R	X	R	U	L	C	R	T	C	C	A	G	N	R	Z	E	N
A	N	P	I	F	R	G	E	I	R	G	N	M	Q	M	E	V	X	R	A
C	G	L	A	I	K	P	I	O	D	E	D	F	I	I	G	W	J	N	T
F	L	A	N	R	T	L	P	V	I	O	P	J	E	N	J	H	U	E	E
L	W	G	H	A	U	P	M	T	E	E	U	M	P	D	N	H	O	S	R
E	X	G	N	U	U	W	A	S	V	N	R	F	L	F	K	M	W	S	F
S	D	C	J	S	U	P	D	F	A	Z	E	A	N	U	E	C	A	F	T
A	E	C	N	A	T	P	E	C	C	A	C	S	C	L	T	M	F	O	X
J	A	X	T	V	F	Z	S	C	I	P	A	R	S	S	X	U	S	G	K
D	Q	P	K	V	Y	P	N	W	X	K	X	A	B	T	S	N	Z	L	Z

ACCEPTANCE
COMPASSIONATE
FORGIVENESS
GRACE
LOVE
NON-JUDGMENT
PATIENCE
SELF-CARE
SOFTNESS
TENDERNESS
CARE
EMPATHY
GENTLE
KINDNESS
MINDFUL
NURTURING
SELF-ACCEPTANCE
SELF-LOVE
SUPPORTIVE
UNDERSTANDING

Mindful Eating

T	W	E	P	T	N	E	M	H	S	I	R	U	O	N	X	K	O	O	H
X	A	W	A	R	E	N	E	S	S	B	R	E	R	U	T	X	E	T	A
M	B	V	A	I	X	Z	S	S	E	N	L	L	U	F	T	Z	R	M	P
D	C	O	N	S	C	I	O	U	S	C	R	A	V	I	N	G	S	P	P
Y	F	K	H	Z	O	B	H	A	A	L	S	S	E	G	E	W	M	D	R
J	T	J	P	N	B	B	H	T	Y	P	L	F	N	P	M	V	R	N	E
Q	D	E	U	B	G	H	E	G	L	V	U	I	D	Q	G	N	H	C	C
B	P	F	I	S	Z	S	P	S	Y	A	W	E	G	S	D	B	K	L	I
F	M	H	B	T	S	B	O	O	Y	E	Y	D	T	A	U	L	C	S	A
J	I	X	N	A	A	Z	R	O	H	X	J	U	Z	V	J	X	O	C	T
F	N	B	O	F	J	S	T	C	J	B	F	T	Y	O	N	B	I	A	I
U	D	D	I	L	M	T	I	V	G	A	M	I	Y	R	O	Y	W	T	O
T	F	F	T	A	I	G	O	E	T	L	M	T	F	I	N	F	S	R	N
G	U	P	N	V	L	A	N	B	D	A	Q	A	M	N	P	J	E	A	K
G	L	L	E	O	E	O	L	U	E	N	S	R	F	G	Y	G	R	X	W
F	B	H	T	R	R	W	F	J	P	C	G	G	X	T	N	N	W	M	T
D	I	N	N	C	T	C	W	A	G	E	G	L	L	U	J	R	E	M	R
O	T	D	I	C	T	W	Q	A	B	L	U	P	H	R	I	U	T	U	P
F	E	N	R	L	Q	T	C	O	N	N	E	C	T	I	O	N	Z	W	S
D	S	D	E	S	L	O	W	K	I	J	R	D	U	L	B	C	I	I	F

APPRECIATION
BALANCE
CONNECTION
CRAVINGS
FULLNESS
HUNGER
MINDFUL BITES
NOURISHMENT
SATIETY
SLOW
AWARENESS
CHEWING
CONSCIOUS
FLAVOR
GRATITUDE
INTENTION
NON-JUDGMENT
PORTION
SAVORING
TEXTURE

Exercise and Movement

E	X	E	R	C	I	S	E	E	Q	U	I	P	M	E	N	T	W	A	K
A	C	T	I	V	E	E	C	N	A	R	U	D	N	E	D	Z	S	P	N
Z	T	H	H	T	G	N	E	R	T	S	Q	A	W	F	T	Z	R	N	R
C	E	M	X	X	S	U	M	W	G	S	D	B	D	R	C	Q	T	A	Y
R	E	S	I	S	T	A	N	C	E	Q	N	R	A	E	P	E	G	Y	I
H	V	A	W	I	O	X	A	T	D	O	O	I	W	O	R	K	O	U	T
V	H	G	Q	U	D	W	A	G	I	G	N	N	C	U	S	O	Z	Y	H
I	C	I	F	A	S	L	B	T	N	I	W	P	K	T	D	I	A	H	I
O	I	L	F	P	I	G	A	Q	N	I	J	E	A	N	Q	Z	S	R	D
L	D	I	K	P	Z	V	G	G	K	D	H	M	L	M	H	R	O	H	N
Z	Z	T	J	A	I	A	U	G	Z	R	I	C	G	C	W	F	E	R	F
G	S	Y	S	T	R	O	P	S	V	N	I	J	T	L	I	S	O	C	N
C	T	M	O	W	O	S	I	B	A	M	H	C	B	E	C	K	Y	C	Y
R	J	M	Y	G	V	S	K	D	Y	G	A	A	F	I	R	V	R	I	A
U	N	L	Q	Z	A	E	Z	M	I	R	L	I	B	V	T	T	R	D	P
M	O	V	E	M	E	N	T	L	D	A	S	O	Y	G	D	E	S	J	O
P	D	U	Z	M	S	T	F	I	N	F	R	B	M	P	O	N	R	B	Q
N	W	E	W	F	E	I	O	C	K	E	L	T	B	J	M	U	G	R	S
I	V	Y	V	A	X	F	E	F	A	S	A	K	I	Q	A	O	J	X	Q
T	E	Z	G	U	K	C	R	F	L	E	X	I	B	I	L	I	T	Y	P

ACTIVE
AGILITY
CARDIO
EXERCISE EQUIPMENT
FLEXIBILITY
MOVEMENT
RESISTANCE
STAMINA
STRETCHING
WORKOUT

AEROBICS
BALANCE
ENDURANCE
FITNESS
MOTIVATION
PILATES
SPORTS
STRENGTH
TRAINING
YOGA

Holistic Wellness

F	N	O	I	T	C	E	N	N	O	C	T	M	Z	X	K	G	P	U	X
N	V	G	W	F	I	T	Y	G	M	J	E	U	H	D	O	J	A	Y	J
X	Y	I	K	T	D	J	M	Y	C	I	C	A	L	B	I	M	T	I	B
N	D	Z	X	V	V	W	A	W	A	W	N	Q	P	G	Q	R	V	Q	E
H	E	A	L	I	N	G	I	M	E	F	A	D	A	M	A	J	S	V	W
P	H	X	M	M	U	K	W	L	X	I	L	L	F	N	I	J	M	I	D
K	M	T	B	X	O	E	L	M	N	V	A	Y	S	U	G	L	A	S	Y
Y	A	M	W	T	T	B	M	T	N	J	B	F	E	K	L	W	J	T	F
L	Z	G	H	O	E	N	E	P	Y	N	O	M	R	A	H	N	I	U	T
A	I	T	V	I	R	G	E	E	O	R	K	W	Y	O	F	L	E	N	D
V	U	X	N	A	R	G	R	M	M	W	Q	K	L	K	A	I	E	S	E
C	I	G	P	A	O	A	M	A	H	W	E	E	G	T	A	M	Q	Y	S
L	I	A	T	F	C	I	T	G	J	S	N	R	I	J	N	D	A	D	V
C	I	I	O	F	N	I	V	N	Q	E	I	V	M	G	B	T	Z	S	O
A	V	X	L	Q	O	O	D	M	S	I	C	R	I	E	D	I	C	Z	I
E	X	E	O	N	J	E	A	S	L	L	C	L	U	R	N	T	G	K	E
G	S	P	G	F	I	F	Z	X	S	M	A	I	Y	O	F	T	M	D	D
C	V	L	Z	R	Y	S	E	R	E	N	I	T	Y	U	N	P	I	F	F
U	N	G	Y	S	O	S	B	V	R	E	S	I	L	I	E	N	C	E	Z
M	E	N	S	B	K	S	E	L	F	R	E	F	L	E	C	T	I	O	N

ALIGNMENT
CONNECTION
GROWTH
HEALING
MINDFULNESS
RESILIENCE
SELF-REFLECTION
TRANSFORMATION
WELL-BEING
BALANCE
EMPOWERMENT
HARMONY
INTEGRATIVE
NOURISHMENT
SELF-CARE
SERENITY
VITALITY
WHOLENESS

Time in Nature

V	A	F	N	O	I	T	A	R	O	L	P	X	E	Y	Z	D	E	S	A
B	P	N	D	B	H	S	W	K	P	Q	W	K	L	P	X	R	S	L	I
Y	C	A	S	G	A	B	X	Z	E	I	P	B	W	T	V	M	N	B	Y
C	Z	C	L	R	A	I	V	R	L	M	H	L	H	N	D	M	Q	T	T
D	F	K	V	S	R	Q	U	D	S	J	O	N	S	C	E	N	I	C	U
G	S	F	N	D	F	T	L	W	S	G	L	U	A	O	S	I	L	B	A
R	N	J	G	M	N	I	H	F	E	C	S	O	B	E	Y	U	F	Z	E
E	Z	V	K	E	F	R	J	O	N	W	R	T	R	C	F	P	E	L	B
E	B	R	V	E	M	C	H	R	R	L	L	E	E	E	R	Q	B	W	L
N	Z	D	T	N	E	U	A	E	E	L	N	I	C	Y	W	S	O	A	A
E	A	X	R	Q	H	T	B	S	D	E	M	A	U	D	K	O	P	X	R
R	G	Q	T	A	W	Z	G	T	L	Q	E	W	N	Q	D	Q	X	N	U
Y	H	N	U	H	Z	I	J	B	I	P	L	Q	P	S	N	V	B	T	T
W	Y	K	I	P	Z	H	Z	N	W	P	Y	U	Q	C	M	A	P	F	A
A	C	U	E	K	S	L	I	A	R	T	E	R	U	T	A	N	R	L	N
K	A	J	U	L	I	F	R	E	S	H	A	I	R	K	F	T	J	T	R
U	C	J	B	P	G	H	O	U	T	D	O	O	R	S	X	E	G	E	O
Z	R	E	L	A	X	A	T	I	O	N	Z	S	N	F	B	X	I	U	C
Q	P	H	S	O	L	I	T	U	D	E	X	P	Y	G	T	A	I	D	G
N	A	T	U	R	E	I	M	M	E	R	S	I	O	N	Q	A	Z	Z	N

- ADVENTURE
- FOREST
- GREENERY
- NATURAL BEAUTY
- NATURE TRAILS
- PEACEFUL
- SCENIC
- SOLITUDE
- WILDERNESS
- WOODS
- EXPLORATION
- FRESH AIR
- HIKING
- NATURE IMMERSION
- OUTDOORS
- RELAXATION
- SERENE
- TRANQUIL
- WILDLIFE

Digital Detox

F	P	T	N	Z	B	S	N	J	J	C	G	H	X	V	P	L	W	L	V
L	N	E	P	I	A	N	M	H	E	V	C	R	W	W	A	V	M	Y	C
V	H	I	I	E	E	N	T	R	K	O	E	C	O	F	F	L	I	N	E
D	E	U	J	G	U	L	A	R	N	L	G	R	A	T	E	X	J	W	O
T	A	Q	A	T	V	C	Y	P	A	N	E	H	Y	G	E	K	V	Y	G
F	L	U	O	S	F	Y	W	X	R	F	Y	K	R	G	F	A	C	M	B
H	T	N	Y	L	K	G	A	T	L	J	C	A	A	C	E	E	A	T	O
W	H	R	E	K	U	T	O	E	T	R	H	G	J	R	K	R	R	P	S
C	N	S	P	I	I	V	C	C	E	C	N	N	K	W	B	B	E	R	C
L	P	N	L	O	H	T	E	A	E	E	W	I	M	H	Q	Y	S	E	R
B	V	K	N	I	I	N	T	R	I	N	A	T	U	R	E	G	T	S	E
B	G	G	S	O	N	I	I	X	S	K	G	P	F	B	U	O	K	E	E
I	N	W	N	O	V	W	V	C	U	H	E	L	Q	L	G	L	R	N	N
S	P	X	C	I	H	U	L	D	Q	C	H	E	P	C	B	O	C	C	F
C	P	S	T	P	T	S	Q	S	N	F	T	N	Q	G	L	N	Z	E	R
V	I	Y	V	M	Z	T	G	A	W	E	U	Q	R	Q	H	H	O	N	E
D	D	I	G	I	T	A	L	W	E	L	L	N	E	S	S	C	U	A	E
Y	T	E	B	Y	T	A	K	B	F	U	F	E	H	G	D	E	P	A	Y
C	U	A	L	Y	B	A	J	X	C	Q	C	X	M	E	M	T	U	Y	J
Z	U	C	C	B	T	J	M	I	N	D	F	U	L	N	E	S	S	M	P

BALANCE
CREATIVITY
DIGITAL WELLNESS
DISCONNECT
ENGAGE
HEALTH
MINDFULNESS
NATURE
OFFLINE
PRESENCE
QUIET
RECHARGE
REFLECTION
RELAXATION
REST
SCREEN-FREE
SELF-CARE
TECHNOLOGY BREAK
UNPLUG

Assertiveness Training

Z	U	S	A	D	L	J	E	Z	A	G	N	H	G	W	Z	D	J	W	T
J	L	P	S	N	C	S	E	O	G	O	I	M	D	U	E	N	T	J	F
J	P	J	L	E	I	U	P	Q	I	G	E	E	N	I	G	S	T	J	K
S	Q	E	N	C	N	O	I	S	S	E	R	P	X	E	F	L	E	S	J
H	I	R	J	Q	I	T	S	Q	T	J	C	D	M	Q	Q	W	M	M	V
A	S	A	O	P	H	E	C	S	P	F	A	L	H	D	J	T	P	D	C
G	W	E	R	C	R	N	E	E	G	X	V	M	A	R	M	T	J	E	O
C	K	F	I	P	A	F	O	L	R	N	X	Y	Y	R	N	Z	A	C	N
K	K	G	X	R	L	W	V	I	O	I	C	D	L	E	I	L	U	I	F
W	Y	E	J	E	A	D	G	I	T	A	D	V	M	R	Z	T	N	S	I
Z	P	J	S	E	E	D	T	K	C	R	A	R	E	J	Y	O	Y	I	D
C	W	F	Q	Z	T	A	N	O	D	D	E	S	P	B	J	H	Z	V	E
R	W	N	M	X	I	J	V	U	K	W	P	S	O	X	T	P	E	E	N
G	T	N	Z	T	E	D	N	M	O	E	O	U	S	Q	A	B	P	N	C
D	Q	P	O	G	A	A	Y	P	C	B	W	R	N	A	F	Z	J	E	E
J	T	G	W	F	D	R	M	T	H	N	T	Z	U	T	F	K	G	S	V
U	E	I	L	D	Q	E	P	F	R	G	Y	X	B	I	J	L	T	S	Q
N	Q	E	U	P	O	P	E	N	N	E	S	S	O	P	R	I	E	B	U
L	S	E	C	O	M	M	U	N	I	C	A	T	I	O	N	R	Y	S	L
C	E	C	N	A	R	U	S	S	A	F	L	E	S	A	W	D	P	N	I

BOUNDARIES
COMMUNICATION
DECISIVENESS
EMPOWERMENT
NEGOTIATION
RESPECT
SELF-ASSERTION
SELF-ESTEEM

CLARITY
CONFIDENCE
DIRECTNESS
EXPRESSION
OPENNESS
SELF-ADVOCACY
SELF-ASSURANCE
SELF-EXPRESSION

Laugh Therapy

K	C	W	C	F	U	G	C	O	M	E	D	Y	C	L	U	B	S	E	D
X	W	Q	Z	O	E	X	E	U	H	S	S	V	B	S	S	O	I	U	G
H	C	V	U	I	P	R	K	D	S	M	Y	N	S	B	K	C	U	F	F
H	S	N	B	K	I	M	L	E	I	M	I	Z	A	Y	T	I	X	B	P
D	G	Y	S	I	L	K	N	L	E	V	K	E	F	I	H	B	O	A	P
B	O	P	J	E	L	I	E	Y	R	V	A	J	M	Q	D	J	N	C	Y
V	O	A	A	F	P	B	X	O	K	L	A	U	G	H	T	E	R	J	T
T	F	R	B	P	V	L	C	J	H	F	C	R	H	E	E	M	M	E	B
Q	J	E	A	P	T	N	J	A	J	B	G	I	G	G	L	E	S	O	Q
F	X	H	W	O	O	R	N	V	T	R	H	X	A	T	X	D	A	G	C
L	Y	T	A	L	O	L	Y	I	L	Y	Q	M	X	D	D	A	C	R	P
V	D	R	L	F	K	R	L	M	T	Z	U	R	X	O	Z	T	N	L	Y
T	E	E	H	N	U	U	C	I	J	S	C	B	B	C	R	Z	N	W	S
W	M	T	U	J	W	N	R	T	E	W	I	U	H	W	R	L	S	X	F
I	O	H	M	Q	T	A	N	M	D	W	B	U	O	J	P	G	G	H	I
T	C	G	O	N	L	L	E	Y	A	E	C	N	S	J	G	F	K	Y	E
S	S	U	R	I	X	N	S	X	U	K	R	T	S	J	O	X	M	U	T
N	O	A	H	U	T	M	U	K	L	L	U	K	B	K	B	K	T	M	Z
E	Z	L	W	A	S	S	S	E	N	L	U	F	Y	A	L	P	E	A	W
I	G	J	R	U	B	P	A	H	G	U	A	L	Y	L	L	E	B	S	C

AMUSEMENT
BELLY LAUGH
CHUCKLE
COMEDIANS
COMEDY
COMEDY CLUBS
FUNNY
GIGGLES
HAPPINESS
HILARITY
HUMOR
JOKES
JOY
LAUGHTER
LAUGHTER THERAPY
PLAYFULNESS
SMILE
WIT

Mindfulness - Solution

X	S	M	Z	T	E	C	N	A	T	P	E	C	C	A	Q	S	Y	X	X
U	I	W	R	K	W	Y	T	I	M	I	N	A	U	Q	E	A	E	E	U
B	R	E	A	T	H	N	Z	W	L	S	E	R	E	N	I	T	Y	D	R
H	D	U	V	E	Q	Q	N	O	I	T	C	E	N	N	O	C	K	U	E
Y	H	F	S	J	V	S	I	L	E	N	C	E	O	J	Y	E	L	T	E
B	D	R	O	D	T	Q	L	Y	A	C	B	L	C	T	T	Z	Z	I	U
G	N	Z	H	C	Y	N	G	N	U	A	R	Q	I	N	N	A	T	T	T
H	D	F	A	P	U	L	A	C	Y	Y	Q	R	D	E	E	S	H	A	K
V	A	O	G	J	H	S	D	V	F	R	A	H	B	C	M	A	G	R	X
R	W	U	M	M	Y	W	U	S	R	L	P	H	M	P	G	O	I	G	B
N	A	B	E	W	L	O	P	E	C	E	S	Z	W	R	D	O	S	Z	R
N	R	C	D	B	Y	A	V	S	S	H	S	S	Q	E	U	J	N	V	H
A	E	L	I	A	X	A	C	N	O	P	O	B	I	S	J	V	I	J	Q
M	N	Z	T	L	C	H	L	E	N	J	C	R	O	E	N	I	R	H	B
P	E	P	A	A	C	M	E	S	K	L	I	E	U	N	O	T	Q	C	O
O	S	R	T	N	N	R	X	N	T	T	W	S	U	T	N	L	Z	J	X
G	S	L	I	C	H	G	B	Y	C	T	H	U	S	M	V	Y	B	R	D
L	D	H	O	E	J	M	I	W	B	Q	N	A	D	V	K	Q	G	A	F
P	G	L	N	Y	G	L	P	L	F	L	S	P	N	N	V	U	U	J	H
S	S	E	N	L	L	I	T	S	J	X	J	T	O	S	T	D	K	Z	R

Self-Care - Solution

H	I	N	F	I	O	Z	W	H	N	Q	M	O	E	X	Z	U	V	Z	R
C	N	H	O	T	D	Q	V	O	J	H	Y	K	V	C	O	S	R	B	E
B	G	F	S	I	O	E	I	H	N	S	E	M	U	B	A	G	P	A	V
Y	Q	E	V	D	T	T	V	Y	U	I	K	N	P	A	L	E	T	Y	I
Z	R	O	H	S	C	A	D	D	G	R	F	N	A	L	J	Q	P	F	T
Z	M	M	M	E	S	N	X	F	W	U	L	F	H	A	J	A	Q	G	A
M	G	K	L	T	R	E	Y	A	Y	O	F	R	R	N	L	H	R	H	L
J	A	F	A	E	W	V	K	A	L	N	G	N	J	C	A	A	X	A	I
Z	E	R	R	T	M	U	Q	B	X	E	N	N	A	E	T	S	S	P	Z
R	B	Y	S	B	Q	J	I	E	U	Y	R	S	I	I	E	S	W	P	E
H	P	S	S	C	B	E	B	D	N	F	R	N	T	L	E	L	V	I	X
R	X	G	E	J	I	R	G	N	W	V	V	U	F	N	A	R	D	N	Q
Q	C	N	N	R	K	Q	P	Z	I	R	D	L	L	Y	Y	E	N	E	T
E	T	I	L	F	E	D	D	B	N	E	O	L	A	H	C	E	H	S	D
F	N	R	U	A	X	N	G	G	D	V	E	D	J	B	S	R	F	S	S
R	K	E	F	G	N	G	I	L	E	W	G	I	M	W	C	N	Y	U	E
X	V	P	D	N	R	Z	P	T	Y	W	I	W	T	V	G	T	O	A	T
F	I	M	N	L	Z	C	C	I	Y	D	B	I	V	C	J	B	J	Y	H
T	L	A	I	R	E	N	E	W	A	L	Z	C	G	T	K	S	F	P	J
C	T	P	M	L	J	K	I	H	Y	D	R	A	T	I	O	N	U	M	X

Breathing Techniques - Solution

M	A	W	P	B	N	R	V	H	G	X	A	Q	K	N	N	R	R	I	V
N	D	E	O	M	Z	K	A	C	I	O	V	K	P	I	I	B	D	U	T
E	K	J	L	L	Y	L	M	M	I	D	E	G	Q	O	K	J	E	J	C
X	Q	K	W	A	S	G	E	C	A	W	D	M	J	P	B	T	L	I	B
H	K	Q	R	S	H	G	E	N	O	Y	K	N	E	M	A	I	Y	T	R
A	M	B	E	I	X	N	B	K	Y	D	A	E	D	N	Y	P	M	E	E
L	Q	K	S	G	K	X	I	E	M	C	D	N	R	V	F	W	L	B	A
E	X	U	O	H	H	Q	O	S	L	D	I	E	A	E	N	A	A	P	T
Z	P	V	N	F	G	Z	M	L	P	L	T	R	H	R	X	N	Q	C	H
T	L	M	A	I	T	Y	G	L	W	L	Y	X	C	I	P	K	K	O	H
O	H	W	N	A	I	F	H	M	A	L	S	M	N	U	U	H	G	N	O
L	L	J	T	Z	W	U	G	N	D	A	Y	G	E	W	L	R	F	T	L
C	L	E	A	N	S	I	N	G	B	L	R	O	Q	T	N	A	T	R	D
G	H	K	L	W	I	G	T	P	O	T	F	P	U	J	U	A	R	O	I
X	I	N	M	V	W	R	W	J	X	G	H	Y	A	H	Q	P	Y	L	N
G	F	T	F	W	M	Y	T	A	Q	Q	X	X	L	Z	J	A	Y	L	G
K	C	C	S	S	E	N	E	R	A	W	A	H	T	A	E	R	B	E	K
D	A	E	K	D	Z	B	A	B	W	V	Y	M	T	A	T	R	D	D	N
D	H	U	I	Y	A	J	J	U	L	V	X	H	S	R	Y	B	R	V	U
W	J	O	C	Z	R	C	I	T	A	M	G	A	R	H	P	A	I	D	F

Meditation - Solution

C	C	V	Z	U	P	Q	N	F	M	I	N	D	F	U	L	N	E	S	S
W	A	W	G	C	Z	S	J	A	M	V	C	F	N	D	H	W	M	A	Y
H	Y	X	L	D	E	E	A	A	S	J	E	X	L	S	I	G	A	D	P
M	X	Q	A	S	B	M	N	U	H	Q	V	F	P	M	C	E	P	J	Q
M	N	G	U	Y	G	T	K	G	A	X	G	D	R	J	C	Y	U	Z	T
L	O	M	T	E	R	I	F	X	S	P	Z	U	C	E	R	D	D	N	I
A	I	Y	I	A	M	U	O	Z	E	A	W	A	R	E	N	E	S	S	G
C	T	I	R	R	D	S	C	Y	S	E	R	E	N	I	T	Y	P	N	Z
I	A	N	I	Y	K	I	U	U	F	H	A	D	L	I	D	L	E	E	R
O	X	N	P	H	B	N	S	P	G	B	M	D	D	E	L	C	Y	Z	E
Q	A	E	S	F	T	U	T	Z	Z	H	B	S	R	O	N	R	X	C	F
B	L	R	T	I	N	P	E	B	T	H	T	E	J	E	T	M	A	E	N
C	E	P	N	B	Y	O	G	A	B	I	T	A	L	H	A	E	N	H	F
K	R	E	S	W	E	D	J	C	L	N	W	I	E	D	P	V	K	M	R
V	A	A	F	X	D	J	Z	L	E	J	S	L	A	R	L	G	W	X	U
H	G	C	E	I	H	E	N	C	E	X	C	U	T	Z	B	A	Z	J	N
Y	P	E	S	D	R	E	N	L	I	G	H	T	E	N	M	E	N	T	D
G	E	C	N	E	S	E	R	P	B	E	I	M	U	A	Z	B	P	L	L
I	T	W	L	S	N	O	I	T	A	L	P	M	E	T	N	O	C	N	V
O	Q	G	G	A	W	E	Y	T	I	L	I	U	Q	N	A	R	T	C	O

Relaxation Exercises - Solution

Q	Y	E	X	J	V	Y	V	W	T	K	S	O	L	U	Y	Y	N	Y	G
X	X	Q	E	R	G	N	I	H	C	T	E	R	T	S	T	O	O	T	R
L	O	L	S	E	V	I	T	A	R	O	T	S	E	R	I	V	J	I	N
E	Q	O	A	E	Q	L	B	G	A	W	I	L	E	S	N	P	Y	L	F
H	Y	G	E	E	H	C	W	Z	J	E	S	K	S	J	E	D	R	I	E
W	G	G	L	J	H	T	N	D	E	S	L	E	L	U	R	S	E	U	I
P	N	N	E	J	J	J	N	E	E	W	R	Z	B	B	E	J	G	Q	L
T	I	I	R	E	K	D	G	N	V	P	P	B	X	R	S	N	A	N	E
G	H	T	N	K	E	L	L	N	M	W	I	X	V	Y	A	Z	M	A	R
N	T	T	O	M	V	U	M	O	I	K	E	B	K	L	E	G	I	R	S
I	A	E	I	X	F	F	C	Z	Y	D	P	B	X	F	E	V	D	T	S
M	E	L	S	D	T	E	Q	R	G	E	N	H	W	L	T	N	E	S	E
L	R	O	N	W	D	C	G	G	K	M	N	I	Z	Z	L	A	D	T	R
A	B	I	E	L	U	F	E	C	A	E	P	X	W	B	C	C	I	D	T
C	M	E	T	R	N	C	Q	X	H	X	K	A	N	N	U	S	U	G	S
K	B	Y	A	A	V	Z	J	H	Y	B	N	G	Q	N	U	Y	G	G	K
Z	G	N	U	N	Q	K	H	H	R	U	R	O	U	Z	X	D	S	Y	Q
M	O	N	T	L	K	A	N	G	T	H	Z	Y	C	T	P	O	U	P	T
G	N	I	H	T	A	E	R	B	P	E	E	D	O	K	T	B	G	B	R
X	N	O	I	T	A	T	I	D	E	M	O	J	X	E	J	K	R	T	J

Nature Therapy - Solution

M	U	F	V	Y	T	U	A	E	B	L	A	R	U	T	A	N	K	D	Z
Q	K	L	E	W	A	T	E	R	F	A	L	L	S	K	Y	T	S	Y	C
R	R	B	X	I	W	E	Q	R	Q	U	W	B	L	M	R	S	H	C	N
X	V	S	Y	D	M	V	N	N	I	I	W	Y	U	C	M	H	Q	A	Y
C	W	C	K	C	T	C	F	E	L	A	A	R	A	M	C	W	T	E	W
O	I	M	V	S	B	O	S	D	R	F	H	T	D	T	J	U	E	H	F
U	L	Q	S	B	R	L	F	Q	V	E	K	S	S	Y	R	X	T	G	S
C	D	I	P	E	F	L	Y	D	Q	N	S	W	E	E	I	E	N	A	A
F	L	G	S	E	O	S	D	R	I	B	E	W	S	R	N	G	E	X	D
M	I	T	C	W	S	A	Y	Z	G	C	S	O	J	G	F	K	G	S	B
X	F	V	E	O	X	W	D	T	A	N	U	T	M	T	F	B	Y	U	Z
J	E	R	Q	J	S	Z	E	E	I	N	I	G	E	U	B	R	F	R	L
K	S	E	Y	D	Z	R	P	I	D	L	N	K	P	S	E	U	H	B	S
L	M	Q	W	H	H	K	O	S	V	I	I	P	I	N	N	W	X	U	T
H	H	U	O	T	K	D	G	O	L	C	D	U	E	H	X	U	N	Q	E
O	O	X	R	A	H	T	X	A	D	H	I	E	Q	L	R	S	S	L	O
E	B	A	J	C	J	I	E	I	X	T	R	N	Q	N	H	S	I	K	T
S	E	E	C	Z	T	H	E	O	T	G	U	Q	E	I	A	Y	F	E	G
C	I	D	E	M	K	M	A	D	T	S	M	O	N	C	Z	R	V	D	E
H	Z	U	U	U	P	K	H	I	V	N	E	E	L	L	S	C	T	C	R

Yoga and Stretching - Solution

G	F	J	P	D	D	R	I	Q	M	X	H	M	D	K	Z	Z	F	Y	V
B	S	B	N	R	N	S	G	M	U	P	T	L	H	I	N	E	X	C	S
M	G	N	I	D	N	U	O	R	G	W	G	F	V	T	V	U	R	P	X
Y	F	W	L	N	B	D	C	S	C	U	N	E	O	V	K	G	B	F	Z
X	C	S	C	F	V	R	I	A	K	X	E	K	T	W	U	M	I	X	H
A	T	X	M	C	O	R	E	N	D	T	R	S	H	J	X	J	F	N	P
F	M	S	Q	H	T	C	B	A	A	M	T	W	R	S	C	X	M	I	Y
L	R	E	A	X	K	U	H	S	T	H	S	S	T	R	E	T	C	H	M
E	M	R	N	M	H	L	N	A	W	H	T	A	G	V	F	I	L	U	I
X	I	U	Z	T	A	T	I	B	I	J	I	A	P	N	A	L	M	B	N
I	N	T	I	X	S	Y	Y	M	N	X	E	N	H	N	L	T	O	D	D
B	O	S	S	N	L	A	A	L	A	Y	S	W	G	O	J	N	P	W	F
I	I	O	E	A	Z	H	V	N	M	I	T	K	T	I	R	E	D	Y	U
L	T	P	H	C	S	S	U	A	A	P	U	N	P	T	Y	M	T	L	L
I	A	O	F	K	N	A	S	C	S	R	G	H	I	A	V	N	U	I	N
T	T	V	G	Z	E	A	Y	O	T	A	P	W	G	X	Z	G	H	E	E
Y	I	Z	M	Y	V	A	L	N	E	D	N	H	C	A	J	I	T	O	S
J	D	N	U	X	A	W	K	A	I	G	L	A	O	L	Y	L	E	Z	S
F	E	U	Z	S	N	Z	X	V	B	V	D	B	H	E	A	A	Q	K	M
C	M	Q	W	P	G	T	V	Z	Y	Z	C	D	K	R	L	R	G	Y	H

Positive Affirmations - Solution

E	M	V	D	Y	Q	Y	T	I	V	I	T	I	S	O	P	B	K	B	G
Y	D	R	M	Q	R	W	G	S	J	Q	I	Q	B	N	L	S	I	X	L
R	P	W	G	R	J	J	X	O	H	H	J	D	Q	D	G	B	E	U	U
J	R	O	P	Z	R	N	Y	B	I	Q	Q	P	R	K	E	E	I	N	H
W	A	H	H	L	Q	D	E	O	Q	V	V	R	B	L	Z	V	N	A	K
F	E	T	T	W	M	X	L	F	M	H	E	W	I	U	T	O	E	B	E
B	D	R	G	Q	R	J	C	M	E	S	K	E	H	R	F	L	M	U	I
Z	U	O	N	M	L	I	O	A	I	Q	F	T	A	V	G	B	P	N	S
Y	T	W	E	E	B	M	L	L	S	U	C	C	E	S	S	N	O	D	W
M	I	F	R	M	O	I	I	H	U	H	N	K	T	N	W	S	W	A	Z
E	T	L	T	P	N	E	C	D	A	A	T	Z	N	E	S	F	E	N	B
C	A	E	S	G	N	A	B	O	G	P	Z	N	G	R	A	S	R	C	U
A	R	S	P	C	C	J	W	G	N	D	P	A	N	Q	P	D	M	E	Y
E	G	T	E	M	H	U	G	F	U	F	R	I	C	B	O	W	E	Z	X
P	Y	C	N	G	C	J	I	R	M	U	I	E	N	R	U	D	N	G	Q
R	O	Q	Y	W	U	B	P	I	O	M	R	D	M	E	Q	O	T	G	F
E	O	Y	P	O	C	E	B	C	V	W	B	U	E	H	S	Z	Y	S	M
N	D	V	Q	A	N	U	N	Y	S	P	T	H	M	N	C	S	U	C	B
N	V	N	O	I	T	A	V	I	T	O	M	H	X	P	C	V	H	R	X
I	S	E	L	F	A	C	C	E	P	T	A	N	C	E	Q	E	J	F	V

Calming Music - Solution

J	C	T	R	A	N	Q	U	I	L	I	T	Y	H	Z	P	Z	X	C	K
N	Q	T	D	Z	L	U	L	L	A	B	Y	V	A	J	F	H	S	P	L
R	S	S	X	M	X	B	M	F	P	A	C	S	P	E	P	F	I	A	X
R	S	E	N	R	M	B	L	I	S	S	M	P	T	H	X	S	T	R	W
P	D	M	B	R	E	J	H	A	A	Y	H	B	J	X	N	P	N	G	T
Q	N	I	K	Y	L	W	Z	P	P	U	C	E	I	Y	R	P	I	N	U
Z	U	H	Q	J	O	Z	E	N	K	D	F	L	C	E	Y	C	N	I	W
U	O	C	Q	K	D	Y	N	O	M	R	A	H	W	L	N	X	S	H	F
E	S	Z	N	L	Y	A	W	C	D	F	U	O	B	O	I	T	T	T	L
M	E	F	U	S	C	X	A	O	E	U	N	X	R	I	L	F	R	O	G
Y	R	R	O	W	F	L	A	J	L	G	I	X	B	H	H	K	U	O	Q
Z	U	F	O	Q	M	Q	V	Z	S	L	N	X	P	R	Q	Q	M	S	E
P	T	K	S	N	X	G	E	N	T	L	E	I	W	Y	G	I	E	R	L
G	A	V	E	A	T	J	W	M	Z	F	X	M	L	R	O	Y	N	X	M
M	N	S	Q	E	R	I	T	Z	J	W	J	F	X	A	R	J	T	V	H
W	S	T	R	E	L	A	X	A	T	I	O	N	G	S	E	R	A	X	Q
H	B	C	G	P	K	G	K	Q	U	U	R	N	T	P	M	H	L	T	U
Z	R	N	D	K	W	X	E	S	E	R	E	N	I	T	Y	N	Z	U	W
C	R	X	T	J	A	W	E	T	T	L	U	F	E	C	A	E	P	Y	C
P	Z	F	O	K	E	N	O	I	T	A	T	I	D	E	M	E	M	G	N

Sensory Relaxation - Solution

J	E	U	J	W	I	C	A	L	M	N	E	S	S	V	S	Q	I	F	C
A	L	P	Y	D	V	E	G	V	M	I	I	C	S	T	R	J	A	E	F
R	B	I	A	N	E	H	Z	M	O	E	A	A	F	O	X	X	R	Z	X
O	M	E	K	C	X	G	D	I	G	J	U	T	E	C	F	U	Y	J	D
M	S	P	N	P	S	H	A	D	B	E	X	A	X	P	T	T	B	I	P
A	B	Q	P	J	K	D	H	S	U	I	B	D	J	X	J	O	Y	A	G
T	L	C	J	B	H	H	N	N	S	X	Q	E	E	X	C	L	F	Z	Z
H	F	E	A	T	H	E	R	U	B	A	R	T	O	L	T	R	P	D	P
E	X	G	Y	W	Q	H	I	A	O	B	M	N	B	L	I	F	I	N	A
R	X	G	I	X	C	L	M	S	A	S	R	E	N	A	K	T	I	U	L
A	M	S	E	S	O	O	T	H	I	N	G	C	X	V	W	V	C	T	U
P	M	S	O	Y	S	K	T	E	O	X	E	S	G	E	A	J	I	A	I
Y	E	G	J	U	I	Y	J	S	R	E	N	I	P	N	R	D	D	S	T
L	L	Z	V	E	N	E	R	E	S	E	T	I	J	D	M	K	E	H	J
D	T	A	Y	T	I	N	E	R	E	S	L	T	V	E	D	L	P	N	W
M	I	J	I	D	N	S	U	V	E	A	E	V	B	R	D	E	R	Y	M
I	N	T	R	A	N	Q	U	I	L	I	T	Y	W	N	Q	T	U	X	P
W	G	A	S	U	N	J	L	I	X	T	H	Z	A	Y	X	Q	T	H	J
D	R	T	N	P	G	W	O	L	L	E	M	C	U	Q	F	J	O	N	A
N	F	A	M	W	P	E	I	Q	O	T	P	T	D	U	W	W	A	W	K

Stress Management - Solution

F	N	Y	U	D	O	K	D	Y	P	Y	G	F	H	I	H	G	X	E	H
H	R	S	E	I	R	A	D	N	U	O	B	N	D	O	R	P	V	C	U
E	N	O	I	T	A	T	I	D	E	M	M	B	I	S	U	F	V	A	T
J	Z	R	W	K	M	T	L	G	S	F	P	S	A	P	X	C	A	R	A
S	K	Z	F	H	J	E	R	C	M	J	P	L	V	L	O	X	D	F	R
E	J	Z	S	Z	K	A	V	O	A	M	B	R	U	G	A	C	I	O	E
D	P	A	N	Q	T	Y	Z	Z	T	L	Q	V	E	F	V	N	T	F	S
U	P	E	M	I	O	V	W	S	O	P	M	Q	K	Q	D	U	C	L	I
A	R	B	T	R	X	E	A	E	A	Z	G	N	V	E	N	X	U	E	L
N	J	U	M	C	P	E	D	W	T	R	J	G	E	C	Q	C	W	T	I
W	D	B	J	S	E	S	I	C	R	E	X	E	P	S	S	T	Y	I	E
E	G	N	I	V	L	O	S	M	E	L	B	O	R	P	S	Z	M	R	N
A	W	O	W	Z	S	N	O	I	T	A	X	A	L	E	R	N	S	M	C
C	T	Z	V	J	U	H	E	A	L	T	H	Y	H	A	B	I	T	S	E
F	Q	T	I	S	X	P	W	S	Q	S	U	P	P	O	R	T	V	A	Y
S	Z	K	T	N	O	I	T	A	Z	I	T	I	R	O	I	R	P	B	C
Z	K	T	I	M	E	M	A	N	A	G	E	M	E	N	T	X	K	T	S
V	O	O	Z	E	M	K	U	M	K	U	G	N	I	H	T	A	E	R	B
V	F	N	R	K	G	S	O	N	E	R	A	C	F	L	E	S	R	O	Z
X	W	B	G	H	Y	C	U	M	I	N	D	F	U	L	N	E	S	S	T

Sleep Hygiene - Solution

T	G	Y	Q	B	E	Y	L	S	L	X	V	J	E	I	O	D	J	O	M
B	G	I	C	O	Z	N	O	S	L	I	P	N	R	E	S	T	F	U	L
W	C	E	W	Y	C	O	D	R	F	E	T	C	M	Q	U	H	K	T	I
N	D	L	C	G	I	I	H	J	I	B	E	T	H	B	S	J	O	H	C
E	T	O	D	E	Z	T	X	A	C	O	V	P	N	L	H	A	U	E	K
E	X	N	D	V	T	A	E	P	V	W	F	L	A	S	M	Q	I	A	W
R	T	Q	Q	L	T	X	G	X	Z	O	O	O	R	I	S	U	Y	L	R
F	Y	N	H	B	P	A	C	Q	R	D	I	E	E	L	D	T	B	T	P
Y	U	A	J	G	L	L	B	M	Y	E	D	D	E	K	I	S	S	H	G
G	U	N	U	U	O	E	G	G	N	R	B	E	N	L	S	M	Z	Y	S
O	U	Z	W	W	E	R	F	I	O	E	P	G	A	A	N	H	F	D	U
L	G	O	R	I	Y	Y	T	S	L	S	M	U	F	F	P	E	O	I	U
O	K	Q	W	F	N	U	I	J	C	V	Q	I	W	A	T	P	Q	E	F
N	W	W	N	A	O	D	R	H	M	P	V	L	T	M	G	F	I	T	G
H	X	T	Y	R	P	X	E	U	E	M	I	D	F	D	T	M	C	N	G
C	Q	R	K	E	F	D	D	E	U	P	U	R	N	D	E	T	L	B	G
E	O	F	E	T	U	X	L	K	M	Q	X	W	C	T	X	B	V	S	A
T	C	L	F	L	I	S	R	U	O	O	P	D	Y	E	E	Z	A	F	B
B	S	E	E	Q	F	S	L	A	U	T	I	R	E	M	I	T	D	E	B
S	S	L	I	M	I	T	C	A	F	F	E	I	N	E	I	K	A	H	M

Gratitude Practice - Solution

R	L	G	L	S	S	S	E	N	I	P	P	A	H	P	Y	X	E	D	P
L	H	V	S	Q	D	D	W	O	S	P	E	I	B	G	N	S	M	X	W
P	J	C	W	X	C	D	A	T	Z	S	Z	Y	V	O	E	D	Q	D	C
O	N	D	N	P	T	L	Q	D	R	H	E	Y	N	R	B	X	X	N	K
W	Y	T	I	V	I	T	I	S	O	P	W	N	E	O	D	I	N	R	U
M	M	I	N	D	F	U	L	N	E	S	S	N	D	Q	M	W	Y	L	B
G	T	C	U	N	Q	E	A	A	N	Y	I	B	Q	N	J	R	R	J	V
E	E	S	Q	C	B	C	G	J	N	T	U	W	M	L	I	U	A	M	L
C	C	F	G	D	D	A	O	N	Y	F	A	F	N	Y	N	K	M	H	C
O	A	N	R	N	H	R	Y	N	O	I	T	C	E	L	F	E	R	O	D
N	E	J	A	M	I	G	U	Q	O	E	C	N	N	K	N	Q	N	Y	A
T	P	V	X	D	S	S	A	W	C	L	G	O	M	D	L	N	T	E	A
E	E	W	M	P	N	K	S	N	W	W	B	Y	N	U	E	I	H	H	O
N	G	R	H	H	L	U	E	E	H	L	W	T	F	C	S	Z	I	K	S
T	Y	M	F	W	Y	I	B	P	L	Y	P	K	T	O	D	J	O	Y	X
M	O	R	E	P	L	N	L	A	A	B	N	I	R	G	F	C	Y	G	W
E	D	Q	P	I	O	O	I	C	W	A	O	E	O	U	E	W	U	L	S
N	D	F	S	Z	I	D	Q	G	H	N	N	Q	P	I	Y	P	I	D	H
T	Z	E	P	T	B	M	R	T	H	E	U	D	E	N	N	F	B	E	U
H	R	N	A	S	O	B	Q	W	G	I	L	K	N	W	J	R	R	E	C

Journaling - Solution

Z	V	H	I	X	T	H	O	U	G	H	T	S	I	D	M	A	K	U	Z
Z	R	E	F	L	E	C	T	I	O	N	I	N	C	O	C	J	H	F	G
P	N	O	I	S	S	E	R	P	X	E	T	S	G	H	I	O	J	R	R
H	E	A	L	I	N	G	A	F	J	R	Q	I	R	U	G	Y	R	H	A
S	V	Z	D	G	T	I	P	V	O	O	D	E	O	H	T	W	K	O	T
T	C	V	Q	Y	I	K	J	S	I	H	T	Z	G	V	N	G	N	L	I
H	I	R	F	T	M	S	P	Y	E	X	X	T	N	Y	H	O	G	W	T
G	N	C	E	X	N	E	T	B	A	X	N	W	I	A	C	M	C	G	U
U	Q	O	L	A	C	Q	M	P	H	E	O	S	L	N	A	X	N	B	D
O	E	Y	I	T	T	S	D	O	M	W	Q	V	L	S	G	Z	K	S	E
H	X	S	I	T	X	I	G	Y	R	O	Q	O	E	F	K	V	E	F	G
T	D	O	E	H	A	N	V	J	I	I	R	Y	T	D	I	A	R	Y	B
R	N	M	D	A	I	R	P	I	Z	O	E	P	Y	Y	H	F	U	M	X
E	L	C	Q	T	M	I	I	T	T	E	V	S	R	T	Z	B	X	R	F
N	Z	Z	I	B	D	W	H	P	Q	Y	Q	I	O	I	J	C	P	G	I
N	Z	R	A	E	A	M	Q	P	S	I	W	R	T	R	R	I	U	M	E
I	W	B	R	E	L	E	A	S	E	N	D	A	S	A	M	V	G	R	P
Y	A	H	W	Y	R	E	V	O	C	S	I	D	F	L	E	S	B	V	H
H	T	W	O	R	G	L	A	N	O	S	R	E	P	C	P	X	J	Y	C
S	N	O	I	T	O	M	E	F	I	P	G	I	F	O	R	P	R	R	R

Creative Expression - Solution

Q	S	O	B	M	B	S	T	O	R	Y	T	E	L	L	I	N	G	F	M
D	A	J	L	S	N	V	I	K	A	G	S	I	N	G	I	N	G	M	J
O	Y	Q	M	C	Y	I	A	X	R	S	I	C	E	Q	V	T	L	Z	W
N	R	W	C	U	A	W	U	Z	O	P	E	T	G	S	F	I	G	W	P
S	E	W	G	L	A	P	Q	D	L	O	G	K	C	A	F	N	N	H	J
E	T	C	N	P	L	R	G	E	X	E	Z	B	V	T	I	G	O	P	C
W	T	A	I	T	F	E	V	K	E	T	U	C	O	W	L	T	T	J	G
F	O	G	T	U	J	T	A	R	T	R	O	L	A	A	O	X	G	J	Y
M	P	L	N	R	S	A	A	V	Y	Y	K	R	C	G	V	N	J	U	N
L	B	G	I	E	G	E	T	C	P	C	D	T	R	X	I	E	P	O	A
A	A	H	A	W	V	H	M	K	Z	N	I	A	E	T	N	G	I	S	E
S	N	D	P	I	O	T	C	X	B	N	P	N	I	G	R	T	G	Y	R
A	D	A	H	Q	P	I	L	L	G	H	O	R	P	N	A	J	W	T	B
U	E	B	K	J	S	H	C	S	Y	I	W	J	G	N	F	L	Y	A	T
C	D	F	T	U	Z	D	D	N	H	U	I	I	I	L	R	T	L	S	N
L	E	D	M	I	A	O	H	S	N	W	S	G	D	E	Z	J	F	O	Y
W	S	B	A	N	Z	G	A	C	C	E	A	T	P	E	V	S	Q	B	C
D	Y	A	C	L	F	F	D	L	D	M	E	I	S	T	F	A	R	C	D
I	F	E	T	O	E	E	R	T	I	O	F	P	B	J	Z	E	D	V	K
Y	N	Y	J	V	Y	R	O	Z	P	N	I	W	M	D	C	F	R	W	H

Aromatherapy - Solution

N	T	S	T	J	S	L	I	O	L	A	I	T	N	E	S	S	E	V	C
F	K	Y	I	I	H	D	E	I	E	N	I	M	S	A	J	J	M	C	G
J	C	F	S	S	U	T	P	Y	L	A	C	U	E	W	K	R	R	V	N
Z	E	L	I	M	O	M	A	H	C	C	N	U	Z	S	H	E	I	S	A
G	S	U	I	W	Z	L	D	G	E	S	M	Z	U	T	W	D	O	P	L
H	S	C	J	Z	R	M	M	D	U	F	U	R	U	W	J	N	S	E	Y
C	P	A	M	R	C	E	A	U	R	X	T	N	C	Y	K	E	L	P	G
B	A	B	N	R	I	R	S	A	I	I	I	L	I	R	T	V	V	P	N
T	T	Z	Y	D	W	Y	G	N	C	N	A	P	G	W	R	A	C	E	A
S	C	Y	Z	O	A	R	T	I	E	R	A	C	D	Z	N	L	D	R	L
S	H	J	O	Q	A	L	J	E	Y	C	V	R	S	X	O	A	W	M	Y
A	O	D	I	N	Y	X	W	S	A	I	N	F	E	T	I	H	T	I	Q
R	U	B	C	I	H	F	A	O	D	T	F	I	P	G	T	T	D	N	Q
G	L	E	Q	F	F	G	X	N	O	O	R	T	K	U	A	B	R	T	S
N	I	K	A	Q	E	R	D	W	M	D	N	E	N	N	X	J	L	Y	M
O	D	K	K	V	S	E	Q	C	O	S	N	F	E	C	A	R	O	T	M
M	T	P	B	E	R	G	A	M	O	T	U	V	D	Q	L	R	L	C	Y
E	L	B	W	H	D	T	R	O	S	E	M	A	R	Y	E	Z	F	D	M
L	L	X	D	C	P	S	E	F	L	R	X	N	A	I	R	D	L	L	W
J	Q	V	X	S	U	W	T	O	O	N	U	S	A	M	Y	L	R	D	X

Healthy Lifestyle Habits - Solution

J	D	W	Z	P	H	Y	S	I	C	A	L	A	C	T	I	V	I	T	Y
K	V	S	T	E	I	D	D	E	C	N	A	L	A	B	J	R	H	G	H
M	O	D	E	R	A	T	I	O	N	D	N	U	T	R	I	T	I	O	N
R	S	Q	S	E	L	F	D	I	S	C	I	P	L	I	N	E	M	C	Z
N	S	E	B	L	Q	E	H	Y	D	R	A	T	I	O	N	B	E	L	H
G	E	F	L	C	D	Y	R	R	R	O	U	T	I	N	E	Q	P	C	T
M	N	E	H	F	J	J	G	D	G	V	M	J	F	O	T	C	C	A	E
I	E	M	H	S	C	V	W	L	Q	D	S	Z	Y	Q	L	N	U	V	S
N	R	T	A	Z	S	A	W	S	S	E	N	T	I	F	A	R	E	A	D
D	A	H	R	W	G	E	R	N	P	X	K	N	A	Q	M	B	S	F	N
F	W	B	R	Y	J	Q	N	E	O	E	F	P	T	M	R	C	I	H	I
U	A	V	E	U	P	J	H	L	W	I	E	K	P	T	C	B	C	V	M
L	H	N	L	G	L	M	N	O	L	H	T	L	D	S	N	G	R	O	E
N	T	F	A	E	E	P	H	H	K	E	Z	A	S	C	S	J	E	W	V
E	L	S	X	N	K	K	B	A	Z	T	W	T	T	U	I	S	X	O	I
S	A	Z	A	Q	R	A	Y	Z	G	E	Z	E	Q	I	C	N	E	B	T
S	E	M	T	Q	A	U	L	U	H	Q	I	R	B	E	D	F	W	H	I
E	H	A	I	T	N	E	M	E	G	A	N	A	M	S	S	E	R	T	S
I	H	D	O	H	H	T	L	A	E	H	L	A	T	N	E	M	M	J	O
U	F	D	N	I	F	B	V	S	M	O	I	W	E	P	I	T	F	E	P

Social Support - Solution

Y	H	F	R	N	H	O	G	X	U	G	T	U	T	H	L	W	H	Z	U
S	L	G	T	F	R	I	E	N	D	S	H	I	P	S	V	A	D	N	F
E	V	B	N	S	U	Y	H	T	A	P	M	E	R	O	U	N	B	P	J
C	C	O	L	L	A	B	O	R	A	T	I	O	N	G	J	R	I	U	V
N	C	O	M	M	U	N	I	C	A	T	I	O	N	U	X	H	T	N	A
E	R	Y	U	L	X	E	U	A	X	J	N	V	N	G	S	G	U	N	L
I	E	T	G	N	I	N	E	T	S	I	L	D	G	N	Y	R	O	G	I
R	L	I	H	F	V	Z	I	Z	A	C	E	B	O	Q	T	I	N	T	D
E	A	N	F	S	P	Q	N	E	K	R	G	I	F	U	S	I	J	N	A
P	T	U	D	X	H	A	F	I	S	Q	N	L	R	U	G	V	A	E	T
X	I	M	O	V	C	V	N	T	E	A	D	I	L	N	D	C	Y	M	I
E	O	M	M	V	U	D	A	V	P	G	N	C	O	R	C	Y	R	E	O
D	N	O	L	K	N	N	I	M	N	G	N	L	R	E	M	Y	P	G	N
E	S	C	E	E	D	T	O	B	D	I	E	M	P	S	M	T	F	A	X
R	H	C	S	I	R	C	L	G	X	B	V	T	R	C	T	I	A	R	E
A	I	S	N	O	A	I	Y	L	C	Y	A	L	P	V	T	F	I	U	O
H	P	G	P	Y	U	J	I	N	L	N	E	Q	Z	F	G	I	W	O	M
S	S	P	A	W	G	I	T	T	C	Z	W	T	A	L	J	P	U	C	K
J	U	N	E	Q	H	V	R	E	P	Y	Q	Q	N	I	V	N	H	N	E
S	Y	Q	Z	I	C	O	N	N	E	C	T	I	O	N	O	W	N	E	Y

Building Resilience - Solution

S	G	R	O	W	T	H	M	I	N	D	S	E	T	B	B	B	C	A	H
F	A	I	N	N	E	R	S	T	R	E	N	G	T	H	R	O	C	U	W
S	A	P	T	S	N	F	F	C	A	D	H	H	K	T	E	C	C	J	S
S	Q	R	O	A	L	D	L	U	P	J	U	R	Z	Z	E	U	O	N	Q
E	G	O	P	G	W	G	E	M	E	G	O	O	F	P	G	A	P	K	T
N	M	B	T	V	S	W	X	C	X	G	V	M	T	I	D	B	I	A	T
L	E	L	I	Q	E	G	I	U	M	M	A	A	D	A	P	Y	N	Y	P
U	T	E	M	E	L	S	B	S	Q	I	N	R	P	F	P	Q	G	L	A
F	S	M	I	C	F	V	I	Q	T	C	N	T	U	O	C	N	S	E	W
E	Y	S	S	N	B	F	L	K	E	M	A	D	S	O	I	T	K	A	S
C	S	O	M	A	E	N	I	Z	D	B	C	I	F	M	C	G	I	R	Z
R	T	L	E	R	L	Q	T	V	I	N	T	K	O	U	F	A	L	N	L
U	R	V	D	E	I	E	Y	L	W	I	R	C	S	D	L	C	L	I	C
O	O	I	I	V	E	S	I	G	V	D	R	T	Y	Z	D	N	S	N	Y
S	P	N	C	E	F	T	C	I	F	E	R	D	D	B	N	J	E	G	G
E	P	G	Q	S	Y	E	T	M	V	E	V	C	X	F	E	P	S	S	E
R	U	A	V	R	Z	Y	K	O	N	Y	Y	S	I	H	L	H	G	O	S
I	S	M	F	E	W	W	H	G	I	Q	R	E	R	A	C	F	L	E	S
V	V	A	O	P	L	F	T	V	G	G	C	W	N	C	I	D	C	S	W
E	G	S	X	C	U	H	I	P	C	D	G	V	P	T	D	W	M	K	O

Cognitive Restructuring - Solution

W	E	M	P	O	W	E	R	M	E	N	T	D	Q	N	N	K	V	S	V
B	Q	V	F	V	G	N	I	G	N	E	L	L	A	H	C	M	E	D	R
F	B	N	G	I	G	N	I	V	L	O	S	M	E	L	B	O	R	P	X
X	I	Y	N	A	N	D	A	V	S	T	H	G	U	O	H	T	H	X	P
A	N	O	I	M	I	Q	Y	T	I	L	A	N	O	I	T	A	R	E	N
R	V	Z	T	G	M	T	E	S	D	N	I	M	H	T	W	O	R	G	O
I	F	Q	S	J	A	B	A	L	A	N	C	E	D	V	I	E	W	X	I
N	N	K	E	C	R	E	T	K	L	H	Y	J	D	D	R	O	I	P	T
H	O	H	T	N	F	L	L	K	L	A	T	F	L	E	S	X	N	D	C
X	B	I	Y	T	E	I	S	G	K	D	J	H	F	O	C	T	N	Q	E
T	Q	K	T	A	R	E	L	T	E	C	N	E	I	L	I	S	E	R	L
Z	O	U	I	A	Q	F	V	I	B	E	I	Z	B	O	V	Y	R	P	F
Z	T	D	L	M	U	S	L	D	C	T	M	R	W	L	M	T	D	B	E
I	C	N	A	R	O	L	N	E	F	C	M	T	R	K	I	J	I	U	R
H	K	O	E	Q	Y	P	A	S	J	I	T	M	R	O	U	G	A	S	F
U	O	N	R	A	R	R	E	V	N	K	T	D	N	P	P	I	L	S	L
R	K	S	O	U	W	U	E	D	E	B	B	P	M	L	E	G	O	T	E
K	Y	W	L	Z	E	I	S	J	Q	E	H	C	O	H	W	V	G	G	S
C	Q	O	B	Q	W	E	H	T	H	Z	R	H	O	D	D	L	U	H	P
J	Z	H	G	U	T	X	M	E	V	I	T	C	E	P	S	R	E	P	L

Emotional Regulation - Solution

R	E	S	I	L	I	E	N	C	E	Q	X	P	H	Y	L	Q	K	M	V
T	X	D	I	S	V	Z	P	G	L	H	G	O	B	U	P	F	B	L	X
X	U	K	S	J	S	P	K	Y	N	W	V	N	I	I	C	Q	K	R	V
S	B	S	Q	S	Y	E	W	Y	U	I	H	E	I	E	Q	F	G	Q	Q
S	W	A	E	M	E	H	N	C	S	X	D	G	V	P	V	Y	A	M	R
E	N	C	L	L	Q	N	T	E	P	S	W	N	J	L	O	P	W	O	U
N	O	B	N	A	F	O	M	A	R	N	E	E	U	X	E	C	S	B	Z
E	I	W	C	G	N	C	C	L	P	A	D	N	U	O	N	J	O	V	W
R	T	F	O	Z	N	C	O	O	A	M	W	W	L	O	R	D	M	L	I
A	A	T	I	R	M	I	E	N	Z	C	E	A	I	U	M	G	J	W	S
W	L	N	B	M	E	V	H	Y	T	T	X	T	F	S	F	D	T	M	Y
A	U	P	I	R	O	G	B	T	T	R	A	B	N	L	A	D	J	F	S
L	G	W	I	N	E	Q	U	P	O	X	O	O	R	M	E	K	N	W	M
Y	E	S	Z	S	L	A	B	L	A	O	I	L	L	R	F	S	N	I	O
W	R	S	F	N	I	E	T	L	A	T	S	R	I	J	W	Q	C	Z	M
Q	F	S	O	G	P	O	E	H	O	T	F	F	J	V	B	M	U	U	J
T	L	H	H	E	H	R	Y	M	M	L	I	X	L	E	Z	Z	D	I	I
W	E	H	W	I	V	I	E	V	C	U	G	O	I	E	Z	B	N	D	G
U	S	H	W	Y	K	W	E	T	J	R	G	C	N	C	S	F	N	N	A
L	O	R	T	N	O	C	E	S	L	U	P	M	I	W	H	O	M	C	O

Mind-Body Connection - Solution

U	N	O	I	T	C	E	N	N	O	C	A	U	V	H	B	I	G	L	B
B	C	E	N	J	O	J	G	N	I	E	B	L	L	E	W	F	K	R	W
S	G	S	X	Y	R	B	K	L	P	R	E	S	E	N	C	E	Y	O	A
L	S	Y	N	O	M	R	A	H	J	C	R	D	Y	F	Y	U	S	V	M
M	I	A	V	G	I	N	O	I	T	A	R	G	E	T	N	I	R	T	I
R	H	G	Y	A	Y	H	H	G	X	V	V	X	N	X	L	U	N	H	N
V	V	A	J	C	B	H	G	S	K	X	K	E	T	J	E	E	T	E	D
H	G	R	G	H	E	W	S	G	W	R	M	H	X	H	M	A	V	F	F
X	Y	R	B	A	J	E	L	C	E	N	O	D	M	I	E	X	Z	H	U
N	B	A	L	A	N	C	E	L	G	L	L	E	D	R	Z	Y	N	S	L
Q	Y	I	E	E	O	H	A	I	I	A	D	O	B	R	F	A	N	F	N
S	N	M	R	X	C	X	L	S	H	I	B	Z	N	D	Z	W	G	B	E
G	H	A	W	S	A	A	T	I	T	M	S	F	Z	A	C	Y	O	J	S
K	W	N	I	T	S	I	C	A	E	N	A	E	Y	H	B	Z	F	E	S
A	I	Q	I	G	C	E	T	J	T	P	E	E	L	G	S	L	S	T	L
W	E	O	X	Z	C	I	N	Z	R	B	Q	J	I	F	R	I	C	X	I
A	N	W	P	U	O	C	Q	L	U	M	F	T	T	H	C	E	Q	K	R
G	U	I	B	N	M	X	W	H	L	I	T	E	G	O	Y	A	N	A	W
K	Z	E	C	N	E	I	L	I	S	E	R	C	O	M	V	D	R	E	V
A	A	X	C	W	I	L	O	T	D	K	W	A	S	M	J	V	P	E	H

Self-Compassion - Solution

V	U	U	G	E	E	C	D	P	S	S	E	N	T	F	O	S	G	C	U
Y	N	S	Q	C	G	V	L	Z	R	D	E	V	O	L	F	L	E	S	C
B	D	C	L	X	R	B	T	N	E	M	G	D	U	J	N	O	N	W	O
I	E	A	B	U	Z	U	W	D	K	A	G	N	M	K	O	Y	V	E	M
Q	R	I	H	U	U	W	P	I	M	D	Q	T	V	S	H	F	N	P	P
W	S	R	N	K	A	Q	N	W	M	Y	U	P	E	T	L	O	P	D	A
V	T	P	Z	E	Q	D	O	O	T	N	S	L	A	A	Q	F	K	T	S
L	A	O	Y	E	N	E	Z	U	U	C	F	P	E	P	E	G	E	E	S
U	N	P	F	E	V	I	C	R	U	A	M	V	Q	A	L	Y	Z	N	I
E	D	O	S	O	S	O	T	A	C	E	I	L	E	D	T	U	D	D	O
R	I	S	R	X	R	U	L	C	R	T	C	C	A	G	N	R	Z	E	N
A	N	P	I	E	R	G	E	I	R	G	N	M	Q	M	E	V	X	R	A
C	G	L	A	I	K	P	I	O	D	E	D	F	I	I	G	W	J	N	T
F	L	A	N	R	T	L	P	V	I	O	P	J	E	N	J	H	U	E	E
L	W	G	H	A	U	P	M	T	E	E	U	M	P	D	N	H	O	S	R
E	X	G	N	U	U	W	A	S	V	N	R	F	L	F	K	M	W	S	F
S	D	C	J	S	U	P	D	F	A	Z	E	A	N	U	E	C	A	F	T
A	E	C	N	A	T	P	E	C	C	A	C	S	C	L	T	M	F	O	X
J	A	X	T	V	F	Z	S	C	I	P	A	R	S	S	X	U	S	G	K
D	Q	P	K	V	Y	P	N	W	X	K	X	A	B	T	S	N	Z	L	Z

Mindful Eating - Solution

T	W	E	P	T	N	E	M	H	S	I	R	U	O	N	X	K	O	O	H
X	A	W	A	R	E	N	E	S	S	B	R	E	R	U	T	X	E	T	A
M	B	V	A	I	X	Z	S	S	E	N	L	L	U	F	T	Z	R	M	P
D	C	O	N	S	C	I	O	U	S	C	R	A	V	I	N	G	S	P	P
Y	F	K	H	Z	O	B	H	A	A	L	S	S	E	G	E	W	M	D	R
J	T	J	P	N	B	B	H	T	Y	P	L	F	N	P	M	V	R	N	E
Q	D	E	U	B	G	H	E	G	L	V	U	I	D	Q	G	N	H	C	C
B	P	F	I	S	Z	S	P	S	Y	A	W	E	G	S	D	B	K	L	I
F	M	H	B	T	S	B	O	O	Y	E	Y	D	T	A	U	L	C	S	A
J	I	X	N	A	A	Z	R	O	H	X	J	U	Z	V	J	X	O	C	T
F	N	B	O	F	J	S	T	C	J	B	F	T	Y	O	N	B	I	A	I
U	D	D	I	L	M	T	I	V	G	A	M	I	Y	R	O	Y	W	T	O
T	F	F	T	A	I	G	O	E	T	L	M	T	F	I	N	F	S	R	N
G	U	P	N	V	L	A	N	B	D	A	Q	A	M	N	P	J	E	A	K
G	L	L	E	O	E	O	L	U	E	N	S	R	F	G	Y	G	R	X	W
F	B	H	T	R	R	W	F	J	P	C	G	G	X	T	N	N	W	M	T
D	I	N	N	C	T	C	W	A	G	E	G	L	L	U	J	R	E	M	R
O	T	D	I	C	T	W	Q	A	B	L	U	P	H	R	I	U	T	U	P
F	E	N	R	L	Q	T	C	O	N	N	E	C	T	I	O	N	Z	W	S
D	S	D	E	S	L	O	W	K	I	J	R	D	U	L	B	C	I	I	F

Exercise and Movement - Solution

E X E R C I S E E Q U I P M E N T W A K
A C T I V E E C N A R U D N E D Z S P N
Z T H H T G N E R T S Q A W F T Z R N R
C E M X X S U M W G S D B D R C Q T A Y
R E S I S T A N C E Q N R A E P E G Y I
H V A W I O X A T D O O I W O R K O U T
V H G Q U D W A G I G N N C U S O Z Y H
I C I F A S L B T N I W P K T D I A H I
O I L F P I G A Q N I J E A N Q Z S R D
L D I K P Z V G G K D H M L M H R O H N
Z Z T J A I A U G Z R I C G C W F E R F
G S Y S T R O P S V N I J T L I S O C N
C T M O W O S I B A M H C B E C K Y C Y
R J M Y G V S K D Y G A A F I R V R I A
U N L Q Z A E Z M I R L I B V T T R D P
M O V E M E N T L D A S O Y G D E S J O
P D U Z M S T F I N F R B M P O N R B Q
N W E W F E I O C K E L T B J M U G R S
I V Y V A X F E F A S A K I Q A O J X Q
T E Z G U K C R F L E X I B I L I T Y P

Holistic Wellness - Solution

F N O I T C E N N O C T M Z X K G P U X
N V G W F I T Y G M J E U H D O J A Y J
X Y I K T D J M Y C I C A L B I M T I B
N D Z X V V W A W A W N Q P G Q R V Q E
H E A L I N G I M E F A D A M A J S V W
P H X M M U K W L X I L L F N I J M I D
K M T B X O E L M N V A Y S U G L A S Y
Y A M W T T B M T N J B F E K L W J T F
L Z G H O E N E P Y N O M R A H N I U T
A I T V I R G E E O R K W Y O F L E N D
V U X N A R G R M M W Q K L K A I E S E
C I G P A O A M A H W E E G T A M Q Y S
L I A T F C I T G J S N R I J N D A D V
C I I O F N I V N Q E I V M G B T Z S O
A V X L Q O O D M S I C R I E D I C Z I
E X E O N J E A S L L C L U R N T G K E
G S P G F I F Z X S M A I Y O F T M D D
C V L Z R Y S E R E N I T Y U N P I F F
U N G Y S O S B V R E S I L I E N C E Z
M E N S B K S E L F R E F L E C T I O N

Time in Nature - Solution

V A F N O I T A R O L P X E Y Z D E S A
B P N D B H S W K P Q W K L P X R S L I
Y C A S G A B X Z E I P B W T V M N B Y
C Z C L R A I V R L M H L H N D M Q T T
D F K V S R Q U D S J O N S C E N I C U
G S F N D F T L W S G L U A O S I L B A
R N J G M N I H F E C S O B E Y U F Z E
E Z V K E F R J O N W R T R C F P E L B
E B R V E M C H R R L L E E E R Q B W L
N Z D T N E U A E E L N I C Y W S O A A
E A X R Q H T B S D E M A U D K O P X R
R G Q T A W Z G T L Q E W N Q D Q X N U
Y H N U H Z I J B I P L Q P S N V B T T
W Y K I P Z H Z N W P Y U Q C M A P F A
A C U E K S L I A R T E R U T A N R L N
K A J U L I F R E S H A I R K F T J T R
U C J B P G H O U T D O O R S X E G E O
Z R E L A X A T I O N Z S N F B X I U C
Q P H S O L I T U D E X P Y G T A I D G
N A T U R E I M M E R S I O N Q A Z Z N

Digital Detox - Solution

F P T N Z B S N J J C G H X V P L W L V
L N E P I A N M H E V C R W W A V M Y C
V H I I E E N T R K O E C O F F L I N E
D E U J G U L A R N L G R A T E X J W O
T A Q A T V C Y P A N E H Y G E K V Y G
F L U O S F Y W X R F Y K R G F A C M B
H T N Y L K G A T L J C A A C E E A T O
W H R E K U T O E T R H G J R K R R P S
C N S P I I V C C E C N N K W B B E R C
L P N L O H T E A E E W I M H Q Y S E R
B V K N I I N T R I N A T U R E G T S E
B G G S O N I I X S K G P F B U O K E E
I N W N O V W V C U H E L Q L G L R N N
S P X C I H U L D Q C H E P C B O C C F
C P S T P T S Q S N F T N Q G L N Z E R
V I Y V M Z T G A W E U Q R Q H H O N E
D D I G I T A L W E L L N E S S C U A E
Y T E B Y T A K B F U F E H G D E P A Y
C U A L Y B A J X C Q C X M E M T U Y J
Z U C C B T J M I N D F U L N E S S M P

Assertiveness Training - Solution

Z	U	S	A	D	L	J	E	Z	A	G	N	H	G	W	Z	D	J	W	T
J	L	P	S	N	C	S	E	O	G	O	I	M	D	U	E	N	T	J	F
J	P	J	L	E	I	U	P	Q	I	G	E	E	N	I	G	S	T	J	K
S	Q	E	N	C	N	O	I	S	S	E	R	P	X	E	F	L	E	S	J
H	I	R	J	Q	I	T	S	Q	T	J	C	D	M	Q	Q	W	M	M	V
A	S	A	O	P	H	E	C	S	P	F	A	L	H	D	J	T	P	D	C
G	W	E	R	C	R	N	E	E	G	X	V	M	A	R	M	T	J	E	O
C	K	F	I	P	A	F	O	L	R	N	X	Y	Y	R	N	Z	A	C	N
K	K	G	X	R	L	W	V	I	O	I	C	D	L	E	I	L	U	I	F
W	Y	E	J	E	A	D	G	I	T	A	D	V	M	R	Z	T	N	S	I
Z	P	J	S	E	E	D	T	K	C	R	A	R	E	J	Y	O	Y	I	D
C	W	F	Q	Z	T	A	N	O	D	D	E	S	P	B	J	H	Z	V	E
R	W	N	M	X	I	J	V	U	K	W	P	S	O	X	T	P	E	E	N
G	T	N	Z	T	E	D	N	M	O	E	O	U	S	Q	A	B	P	N	C
D	Q	P	O	G	A	A	Y	P	C	B	W	R	N	A	F	Z	J	E	E
J	T	G	W	F	D	R	M	T	H	N	T	Z	U	T	F	K	G	S	V
U	E	I	L	D	Q	E	P	F	R	G	Y	X	B	I	J	L	T	S	Q
N	Q	E	U	P	O	P	E	N	N	E	S	S	O	P	R	I	E	B	U
L	S	E	C	O	M	M	U	N	I	C	A	T	I	O	N	R	Y	S	L
C	E	C	N	A	R	U	S	S	A	F	L	E	S	A	W	D	P	N	I

Laugh Therapy - Solution

K	C	W	C	F	U	G	C	O	M	E	D	Y	C	L	U	B	S	E	D
X	W	Q	Z	O	E	X	E	U	H	S	S	V	B	S	S	O	I	U	G
H	C	V	U	I	P	R	K	D	S	M	Y	N	S	B	K	C	U	F	F
H	S	N	B	K	I	M	L	E	I	M	I	Z	A	Y	T	I	X	B	P
D	G	Y	S	I	L	K	N	L	E	V	K	E	F	I	H	B	O	A	P
B	O	P	J	E	L	I	E	Y	R	V	A	J	M	Q	D	J	N	C	Y
V	O	A	A	F	P	B	X	O	K	L	A	U	G	H	T	E	R	J	T
T	F	R	B	P	V	L	C	J	H	F	C	R	H	E	E	M	M	E	B
Q	J	E	A	P	T	N	J	A	J	B	G	I	G	G	L	E	S	O	Q
F	X	H	W	O	O	R	N	V	T	R	H	X	A	T	X	D	A	G	C
L	Y	T	A	L	O	L	Y	I	L	Y	Q	M	X	D	D	A	C	R	P
V	D	R	L	F	K	R	L	M	T	Z	U	R	X	O	Z	T	N	L	Y
T	E	E	H	N	U	U	C	I	J	S	C	B	B	C	R	Z	N	W	S
W	M	T	U	J	W	N	R	T	E	W	I	U	H	W	R	L	S	X	F
I	O	H	M	Q	T	A	N	M	D	W	B	U	O	J	P	G	G	H	I
T	C	G	O	N	L	L	E	Y	A	E	C	N	S	J	G	F	K	Y	F
S	S	U	R	I	X	N	S	X	U	K	R	T	S	J	O	X	M	U	T
N	O	A	H	U	T	M	U	K	L	L	U	K	B	K	B	K	T	M	Z
E	Z	L	W	A	S	S	S	E	N	L	U	F	Y	A	L	P	E	A	W
I	G	J	R	U	B	P	A	H	G	U	A	L	Y	L	L	E	B	S	C

Thank You!

As the author of this gratitude journal, I wanted to take a moment to express our heartfelt gratitude for choosing our book and completing this incredible journey. It brings us great joy to know that our small, family-owned company has been a part of your life.

At our company, we pour our hearts and souls into creating quality children's books that inspire and empower young minds, just like you.

If you enjoyed this journal and found it to be a source of joy, encouragement, and growth, we kindly invite you to leave a review on Amazon. Your words carry immense power and can make a significant impact on our small business. Your support will not only help us reach more children but also inspire us to continue creating meaningful books.

We understand that leaving a review may seem like a small action, but to us, it means the world. Your support will enable us to continue producing quality books that touch the lives of young readers and nourish their imaginations.

This Is Our Family

Stela Stere

Cucus Surus

Tande Mande

Contact us!

It is important for us to let you know that we appreciate any feedback on our creations and if you have any suggestions for improvement, you can contact us at our email address:

gopublishforyou@gmail.com

Are you following us on Instagram?

If not, down below you can find the link to our Instagram page, where you can see other creations we have made, announcements about our books or announcements about our new releases.

https://www.instagram.com/cristiartdesign/

www.ingramcontent.com/pod-product-compliance
Lightning Source LLC
LaVergne TN
LVHW060207080526
838202LV00052B/4203
* 9 7 8 5 3 1 7 6 0 3 1 6 8 *